응축된 슬픔이 달다

김진수 시집

상상인 시인선 *055*

응축된
　　슬픔이
　　달다

*본문 페이지에서 한 연이 첫 번째 행에서 시작될 때에는 〈 표기를 합니다.
*저자의 의도에 따라 작품의 보조 동사와 합성 명사는 띄어쓰기가 달라질 수 있습니다.

시인의 말

묽은 먹물처럼 번지는 울음이다

다잡을수록 먹먹해
까무룩 하다가도 이내 되살아나는,

끝끝내 놓지 못하고
껴안고 살아야 하는 갑다

간혹, 까닭 없이 붉어지는 눈시울은

차마 못다 한 고백이다

2024년 6월
김진수

차례

1부 인연, 잠시 머물렀다 가는

고사목	19
창 너머 3	20
바람 없이도 돌아야 하는 바람개비	22
괜찮아	24
어머니도 여자였다	26
상강霜降 2	28
못다 부르는 노래	30
수막새 3	32
선禪 서방 선禪에 들다	34
입동	36
무섬마을	38
장부맞춤	40

2부 추억, 잊거나 잊히거나

반가사유상	45
골목 1	46
골목 2	48
골목 10	50
골목 5	52
굴 껍데기	54
소금 창고에 스민 달빛이 싱겁다	57
손톱이 없는 계절	60
반음 올려 읽는 골목	62
골목 8	64
널배의 감정	66
손목터널증후군 2	68

3부 해원解冤, 미처 못다 한

카사블랑카	73
귀신꽃	74
유월, 그 언저리	76
가시와 나비	78
칼의 감정	80
터진목	83
끝나지 않은 외출	84
매듭	86
나무 벤치	88
내 안에 서성일 인연을 보듬으며	90
하늘을 지다	92
명자꽃	94

4부 희망, 새로운 날에 대한

일출	99
날개, 색을 입히다	100
민어의 바다	102
은밀한 속삭임이거나 지워지지 않는 얼룩이거나	104
사람도 꽃처럼 돌아온다면	106
응축된 슬픔이 달다	108
이슬, 눈물이라 하나 눈물은 아니더이다	110
향, 묽은 먹빛처럼 번지는	112
초혼招魂	114
이방인	116
급체하다	118
창 너머	120

5부 언젠가는

무청	125
눈맞춤	126
프루크루스테스의 침대	128
가족사진	130
상사화	132
사위어 가는 풍경, 그 소리	134
아라홍연紅蓮	136
동강 할미꽃	138
긴 강 골짜기 가을이 깊다	140
우린 꽃에 대해서 말하지 않았다	142
종묘 2	144
진주 귀걸이 소녀	148
'괜찮아'란 말의 진실	150

해설 _ 슬픈 아포리아Aporia의 풍경들	153
전형철(시인, 연성대학교 교수)	

1부

인연, 잠시 머물렀다 가는

고사목

보이는 게 모두 진실은 아닙니다

죽은 듯 살아 있는,
입고 산 날보다 벗고 산 날이 더 많습니다

산 것과 죽은 것의 차이는 무엇입니까?

이파리 대신 침묵을 매달았고
꽃 대신 생각을 피웠으며
열매 대신 아! 하는 경이로움을 매달았습니다

멈추어 선 생生 하늘을 거역하지 않아 좋고, 나이테 늘어나지 않으니 끝났으나 끝나지 않은 생이고, 다 벗어주었기에 눈앞에 보이는 세상 더없이 아름답습니다 다 비웠기에 미련도 없습니다 죽비 같은, 딱따구리의 부리 짓은 나를 돌아보는 성찰의 시간이기도 합니다

내 앞의 나를 바라보며 내가 되는

창 너머 3

피죽으로 둘러쳐진 울타리 밑
한식날 꺾어다 심은

찔레, 잎눈 몇 움텄다

애써 살아 주어 고맙다

며칠 사이 제법 잎다워졌구나! 했더니

박새가 손을 탄다

저런!
저런!

몇 끼를 주렸는지 연신 쪼아댄다

어미의 마음이다
아낌없이 내어주는

살려고 움 틔우고

살려고 뜯어 먹는

이 또한 생이라 해도 참! 아리다

바람 없이도 돌아야 하는 바람개비

　몇 번을 더 덮어야 탁한 울음 버리고 맑은 웃음 우려낼까? 제 가슴 치며 울다 찌그러져 홀로된 여정을 털어놓는 탬버린, 밤을 하얗게 밝혀야 안식에 드는 도우미라는 주홍 글씨로 사는 그녀, 둘은 닮은꼴이므로

　노래방은 방편일 뿐 답은 아니었다. 돈 아닌 듯 호기롭게 혹은 치사스럽게 꽂아주는 지전 몇 장. 그게 답인 양 마시고 부르고 두드린, 불규칙적으로 돋는 소름을 손가락으로 다독인다. 동그라미에 사로잡힌 허공, 주행선을 벗어난 박자가 겅중거리고, 혀 꼬인 가락이 급브레이크를 밟는다. 혓바닥 밑에서 부화한 소문은 소문을 낳고, 꼬리를 잘라내지 못한 가면을 쓴 무당벌레. 메슥거리는 속 쏟아내면 선명해질까 끌어올렸는데 더 탁하다. 은근짜로 귓속을 헤집는 유혹 속

　엇박자인 아버지의 기침 소리 박자를 놓치고 등록금 고지서가 불협화음이다.

　후회가 같은 방향으로 돌고 돈다. 한 발만 내디디면 끝이다 싶은, 늘 벼랑 끝이었다. 내일이 있다는 자위自慰

는 처음 바람을 맞을 때 가능할 뿐 바람에 취하면 바람개비는 바람이 없어도 돌아야 한다.

  탬버린이 소리 내는 것과 바람개비가 도는 것은 가슴이 없기 때문이다. 호출문자가 뜰 때마다 벽을 쌓지만 다짐은 다짐일 뿐 작은 바람에도 흔들리는 스물셋, 이 꽃 꺾어줄 바람은 어디 없나요?

괜찮아

참 괜찮은 말이지
넌지시 건네면
별일 아니라는 듯 멋쩍은 어깨춤으로 돌아오기도 하지

어제 같아지고 싶지 않은 거지
어제, 그보다 더 나쁠 수는 없었다고 생각하면서도
오늘 또 이렇게 살아가고 있으니까
괜찮지 않지만
괜찮아, 괜찮을 거야 최면을 거는 거지
마약 같은 거라
믿고 그냥 그렇게 사는 거지
간혹 참! 괜찮다 싶었던 날도 있었으니까

아르바이트로 밤을 밝히는,
떠나간 사랑에 넋 놓은 회색빛 청춘에게
외롭지?
힘들지? 물으면
씩 웃기에 정말 괜찮은 줄 알았는데 그게 비명이었던,

참 괜찮은 말이지

숨 쉴 수 없을 만큼의 아픔도 오랜 친구처럼 어깨 토닥거려주는
하 많은 '괜찮아' 중에
몇 번이고 건네고 싶은 간절한 마음이 되어 돌아왔을까?

애써 기다리지 않아도 불쑥 찾아오는 그 시간
마치 한 번도 생각해보지 않은 아이처럼
아직은,
아직은 아니라고
억지 부리고 아쉬워하는 내 숨 다독이며 내게 해줄 마지막 한 마디

괜찮아!

어머니도 여자였다

이따금 훅 치미는 날이 있다

애써 잊고 살았던,
잊고 살았다 해도 결코 잊을 수 없는
깊은 우물 속 같은 먹먹함이 기어코 눈물 자아올린다

아차 하는 한 번의 실수로
스마트폰에 저장해두었던 사진 깡그리 날려버렸다

그중, 먼 곳 가시기 전 찍었던 어머니 모습 십여 장
이젠 다시 잡을 수 없기에
옮겨 갈무리하지 않은 자책과 후회는 지금도 사무치고

혼으로 떠돌기 싫어 당신 허물 거두어 간 것인가?
아니면 이젠 그만 잊고 살라는 배려인가!

어쩜, 당신도 여자라
늙고 병들어 볼품없어진 얼굴보다
젊고 고운 얼굴로만 기억되고 싶었을지도 모를
〈

어쩌다 무슨 일이라도 있어,
분첩 토닥이고 옥색 한복 차려입으면
열네 살 아이 눈에는
점잖은 아저씨들 입에조차 오르내리던 읍내 등대 다방 주인 여자보다도 더 이쁘던
간절할 때마다 꺼내 보는 빛바랜 명함판 속
쪽 찐 머리 여인, 웃음 한 소쿠리다

힘들어도 웃고 살라고 등 토닥이는 저 미소
가슴에 마르지 않는 우물 하나 판다

상강霜降 2

시린 댓돌 위 흰 고무신 한 켤레
곁에 곁을 내주고 앉아 해바라기 한다

춥긴 추운가 보다
한껏 움츠린 걸 보니

천 일, 천 밤을
빌고 빌며
돌고 돌아도
해는 오늘도 동쪽에서 떴다

한낱 돌덩이 보고도 손 모으고
하잘것없는 들꽃 보고도 노래하며 우러른다

서글픈가 보다
돌아앉은 걸 보니

허구한 날
밟히고 끌려
뒤꿈치 닳아 해져도

누구 하나 쳐다보지도 않는 생

터져 나오는 한숨 길게 뱉고
때마침 우는 범종 소리 한입 가득 머금고도
헛헛한가 보다
또다시 입 벌리는 것 보니

늘 그랬다 채워지지 않는 허기에 불면은 깊었으나

한쪽이 한쪽 어깨를 토닥인다
혼자 아닌 둘
이게 어디냐고

헤 벌어진 입속에는 승천하지 못한 소리의 뼈가 수북
하다

못다 부르는 노래

졸아든 그늘이 마지막 울음 끌어올린다.
순간, 마지막 노래임을 안 사내는 한 음이라도 놓치지 않으려 귀를 세운다.

슬프면 슬퍼서,
기쁘면 기쁜 대로 부르는 흥이며 한이었던
노래, 엄마는 식구들 입에 담느라 정작 자신의 입에는 올리지 않았다.

선(宣)서방 피 끓어 올리던 여름날에도 2대 독자에 글방 샌님이었던 서방은 늘 상전이었고, 설익은 문자는 밖으로 겉돌았다. 위로 셋 제 밥벌이할 때까지 배 아파 낳은 육 남매 뒤치다꺼리는 온전히 당신 몫이었으니

먹이고 입히고 가르쳐야 했으므로 종종거렸고,
밤마다 뱉어내는 된 신음, 그게 당신의 노래 아닌 노래였으며
품 떠난 자식 배곯을까 하여
끼니때마다 고봉밥 아랫목에 묻어두는 것으로도 모자라
오늘 하루 무사하라

꼭두새벽 죄지은 사람처럼 읊조리던 비손, 그게 엄마의 노래였다.

소리는 내었으나 조율에 서툴러 평생 조이고 가다듬었으나 끝내 가락을 얻지 못하였다. 가끔 찢어지는 소리 뱉어냈으니 그건 차오를 대로 차올라 언제 끊어질지 모르는 낡은 현(絃) 하나 갈아 끼우기 위함이었으리라.

그 흔한 아리랑은 한이 차 못 부르고, 절절한 여자의 일생은 당신 같아 접으시고,
"남 해코지하지 말고 선하게 살아 악한 끝은 없어도 선한 끝은 있는 거야!"
입버릇처럼 하신 당부 귀에 박혀 내내 달고 살았다.

어쩜 내게 들려주고 싶은 당신의 노래였고 내가 따라 부른 노래 중 으뜸이었던,

차마 떨쳐버릴 수 없는
그 노래, 이젠 내가 내 아이들에게 대물림한다.

끝끝내 한 소절, 마저 부르지 못한

수막새 3

살찐 종아리 감출 듯 드러나게
치마폭 끌어당겨 허리께에 질끈 묶은,
무명수건 덮어쓴 쪽 찐 머리 들밥을 이고
한 손엔 술주전자 들고
늦을세라
잰걸음 놓는

무명 치마저고리, 검정 고무신을 신어도 들꽃 향기 나는,
투박하고 거칠어도 유리 벽 속 청자, 백자보다는
질곡 된 삶 담아낼 수 있는 질그릇이길 원하는, 그런

연꽃, 당초, 보상 덩굴로 치장하고
신령스러운 도깨비 형상, 뜻 모를 글자로 멋을 부린
좋다! 느낄 뿐 선뜻 와닿지 않는 여자들

아래턱을 잃어 조금은 아쉽고 부족한 듯
가득 번진, 오른 눈 밑 살짝 도드라진 묘한 실룩임
저게 웃음이라면
그 웃음, 언제 보아도 설레는

〈
첫사랑, '신라의 미소' 여자의 또 다른 이름입니다
가끔 아주 가끔

말 못할 속내 감추려고 가슴 앓게 합니다
그럴 때마다 고개 돌립니다 못 본 척
그리고 그냥 싱긋 웃어줍니다

나는 단 한 번을 웃어도 낯설고 어색한데 저 여자는 천년을 웃는,
그래서 좋습니다
천년 또 천년, 아니 겁의 시간이 지나도
그 누구도 흉내 내지 못할
한결같을 저 웃음이

선蟬 서방 선禪에 들다

숨 빠져나간 몸뚱이는 성스럽다

말끔히 씻고 분단장한 생시처럼 천연덕스럽다

각인된 7년의 어둠과
눈으로 본 14일간의 밝음이 한 생이었다는 걸 잊지 않으려는 회피할 수 없는 주검을 마주하는 불거진 눈망울이 애틋하다

다시금 올 수 없는, 윤회를 소원하듯 가지런히 모아 접은 날개
온전히 남은, 한 생을 기록한 투명한 문양이 치명적이다

짧고 화려한 만큼 처절했던 몇 날을 놓지 않으려 배 위에 곱게 모은 다리 여섯
해탈에 든 고승처럼 흐트러짐이 없다

눌러 삭히고 삭힌 제 사랑, 받아주든 말든 맘껏, 목놓아 불렀다

그 사랑,
초록으로, 푸름으로 짙어졌으니 절망뿐인 이별이라 해도 서럽지 않겠다
볼록하니 부푼 배 살짝 누르면 우렁찬 울음 터져 나와
내가 서러울 것 같아
차마 눌러보지 못하고 눈을 돌렸다

이미 선에 들었으니 꽃상여도
그 암울했던 7년의 기억 되살릴 음택도 필요 없겠다

마지막 숨에 내게 왔으니 이 또한 연緣이라 머나먼 길 배웅하니

선 서방 불 들어가네

자지러지는,
넋을 불러세우는 호곡 속
불 지핀 목백일홍 활활 한 생을 태운다

입동

말이 고여 있다
재생 버튼을 누른다
서리 맞아 섶이 죽은 볼륨이 밭은기침 토해내자 내가 늑대가 된다

그렇게 끼시라고 해도 왕왕거리는 게 싫다고 끼지 않으시다
내 성화에 마지못해 끼시던,
아니 낀 척하시던 그 보청기 끼고 들어보니

까칠한 내 목소리밖에 없다
딴에는 위한답시고 주저리주저리 엮었던 말들이 끊임없이 재생된다

때론 이렇게 심한 말을 했을까 싶은,
엄마라 해도 받아들이기 힘들었을 말이
어쩜 비수로 꽂혀 몇 날은 아팠을 모질고 모진 말이
못으로 박혀 빼려 해도 빠지지 않을, 빼내도 상처로 남을 말이
그 옛날 내가 잔소리라 여겼던 말과 똑같은 말이

〈
좋아하는 말도 반복되면 듣기 싫은 나이인데
들리는 게 잔소리뿐이니 자식이라 해도 차라리 듣지 않는 게 속 편했을지도 모를

없다. 엄마 목소리, 한껏 볼륨을 높여도 없다
끼고 있지 않았으니 자신의 말조차 들리지 않았으리

평시대로 욕이라도 대놓고 하면 좋으련만
그 욕
한 번만,
한 번만이라도 듣고 싶은데

엄마는 안거安居에 들어 묵언 수행 중이고

무섬마을

흐르는 것은 시간이지 마음이 아니다

물 위에 떠 있는 연꽃이라 했다

외나무다리가 비틀거리며 건너는,
둘이 하나 되어 흐르는 강물이 어머니처럼 감싸 안아
무섬(물섬)이라고도 불리는

섬 아닌 섬이다
안과 밖을 잇는 유일한 소통이었던
외나무다리, 곁눈질하며 건너온 소문은 마을 앞 소나무 숲에서 주저앉았고
간혹 섬에서 생겨난 소문도 강을 건너지 못했을

하늘과 땅을 가른 다리를 건너 다다른 고샅부터
모여 앉은 초가와 기와지붕이 담소하듯 정답다
담이랄 것도 없는 앉은뱅이 담은
제 키를 넘어온 호기심을 따라오라는 듯 앞서 종종거린다
〈

뒤에 남기고 온 풍경이 아련하다 강가 모래밭에서 두꺼비집 짓고 물놀이하던 아이들 웃음소리 바람결에 들릴 것 같아 귀 활짝 열고, 눈 감으니 여름밤 강에서 멱 감던 낭만이 입꼬리에 달라붙는다 세월은 너무 멀리 와 고지바가지에 열무김치 넣고 버무린 보리 비빔밥 서로 먹으려 숟가락 디밀던 형제들 흩어져 멀고

    강 건너온 뻐꾸기 울음 절절하여 돌아보니

    다리 위에 걸터앉아 물장구치던 초사흘 달이 있는 듯 없는

장부맞춤

그늘 넓은 나무였다.

열넷, 초등학교 졸업 하자마자 입 하나 덜고자
아버지 손에 이끌려 읍내 가구점에 들어 나무와 친구가 되었다.

야무진 눈썰미와 다부진 손길은
톱으로 썰어 장부를 만들고, 끌로 홈을 파 하나 되게 짜맞추었다.

문갑, 삼층장, 장롱은 손쉬웠으며
격자문, 아(亞) 자 문을 비롯해
그 어렵다는 꽃살도 오뉴월 꽃 피듯 꽃을 피웠다.

늘 봄날일 것 같았던 그의 삶도
물먹은 나무처럼 비틀려 어긋나는 게 있었으니,
평생 깎고 다듬은 장인(匠人)에게도 자식은
사랑으로 톱질하고 믿음으로 홈을 파 사포질해도 어쩔 수 없는 물 먹은 나무였다.
〈

못 배운 한(恨)을 끌어와 마중물로 부은 다섯 중 둘째, 아픈 손가락이다.
아버지처럼 살지 않겠다는 억지스러운 마음은 하는 일마다 어긋났으니,

내 탓이라는 자책은 손바닥 굳은살로 그늘을 늘렸으며 쓸모없는 나무 없다는 가르침을 신앙처럼 믿었다.

나무는 가지가 잘리면 스스로 그 상처를 덮는다.

길고양이도 더듬이를 늘리는 밤
마음 밭 비운 그늘이 식구를 늘렸다.
촉을 받아들이는 홈처럼 제 발로 기어든 모난 새끼 깨우치고 녹아들기를 기다렸다.

큰 소목장이 톱질을 하고 작은 소목장이 홈을 판다.

짜맞춘다. 빈틈없이 맞물려지는 장부맞춤이다. 비로소 하나 되는 '

2부

추억, 잊거나 잊히거나

반가사유상

참 올곧고 깊다

한 치 흐트러짐 없는 저 생각
언제 끝날까?

시작이 있으니 끝도 있을 터
눌러앉은 천년이 깊고 푸르다

이전에 그분께서
생각은 짧을수록 좋다 하셨거늘

천년의 시간도 허물지 못한 저 꼿꼿함

그리 오래 앉았으면
중생은 누가 구하냐는 타박 아닌 타박에

없는 듯 있는,
지은 저 미소만으로도
또 천년은 넉넉하겠다

골목 1

골목을 간다
잊고 산 사연들이 얽히고설킨,
닳을 대로 닳아 얄밉다가도
다시금 눈 감았다가 뜨면 있는 그대로 드러내는 민낯이 반가워
낯가림 심하던 옛사랑을 불러내 휘파람을 분다
맞닥뜨리는 카페에 들어가
통유리 창가에 자리 잡고 앉아 흐린 창밖을 본다
외롭게 처마 끝에 매달려
그리울 때마다 딸랑거리던 해후가 끝내 눈물을 쏟는다
재재거리던 골목이 뜬다
손으로 나누던 사랑이 옆자리에 와
머리에 묻은 호들갑을 턴다
주문을 위한 사랑은 잠시 조용해졌고
통유리창에 부딪혀 스스로 지는 빗방울의 생을
젖지 않는 손가락으로 추적한다
남기고 가는 여운이 긴,
젖어 흐느끼던 골목은 골목으로 흘러간다
앞서 온 번개가 난도질해놓은 골목을 허물던 천둥이

원하지 않는 길을 온 듯 달아나던 풍경의 목덜미를 움켜쥔다
비명이 파닥거리는
통유리창 너머 엎어지면 코 닿을, 맞은편 통유리창 속 사랑을 건너다본다
늘였다 줄였다 꼬았다 폈다
세모로 네모로 동그랗게 마음대로 만지작거리는
사랑은 모양과 간격이 없다
건너편 동그랗고 말랑거리는 사랑이 우리를 넘겨다보며 웃는다
나는 아니라고 고개를 가로저었지만
다 안다는 듯
한소끔 끓어 말끔해진 골목은 젖은 얼굴로 말한다
그게 사랑이라고

골목 2

 골목을 간다 골목을 걷어찬다 차인 골목이 굴러가다 골목이 되어 돌아온다 어제도 골목이고 오늘도 골목인 골목이 내일도 그 자리에 서 있을지 모를 전봇대 중간에 매달려 골목인 체하는

 골목의 처음과 끝은 끝말잇기처럼 어디서 시작해 어디서 끝날지 알 수 없는 시작이 끝이요 끝이 시작인 그 의문은 발아래서 자박거리지만 나는 한 번도 뜸을 들이거나 씹어 본 적 없다 지금도 골목의 이름을 몇 번 불러보았지만, 메아리조차 없어도 그 이름에 대해 의심해 본 적 없다 뻐꾸기 우는데 아카시아는 피지 않아 계절을 잃은

 골목을 간다 재재거리며 가고 사진을 찍으며 가고 테이크아웃 된 커피를 빨며 가는 사람들, 구석 자리 하나 차지하지 못하고 대문간 옆에 쪼그리고 나앉은 화분의 낯빛과 돌담 틈새에 자리 잡고 핀 노란 앉은뱅이꽃 빛을 우리는 골목이라 부를 수 있을까?

 하늘을 향해 한 면이 트인 것은 목까지 찬 관음증을 뱉어내기 위함이라 짧은 한숨에도 추녀 끝에 올라앉았

던 하늘이 골목으로 내려온다 입술이 말라갈 즈음 아침 나절 떠났던 안녕이 깨끗이 씻긴 민낯으로 돌아와 손을 내민다 골목과 골목 사이를 핏물처럼 흘러 다니는 사람들이 한곳에 모인다 경화된 골목이 부풀어 터진다 골든 타임을 놓친 골목은 한쪽 다리를 절고 다른 한쪽은 다른 한쪽을 흉내 내는

 어제도 골목이었고 오늘도 골목인 골목은 내일을 알 수 없기에 내일의 모습을 그려보고 있다

골목 10

 달포 전 나붙은 현수막이 아직 뜨겁다 여러 종의 늑대가 출몰하는 골목, 어스름이 저녁상을 물릴라치면 누이는 빨랫줄에 널린 냄새를 거두어들이지

 손톱에 기웃거리던 달이 성숙해지면 진화한 늑대는 직립 보행을 시작하지 날카로운 이빨 대신 비문을 새겨 넣은 고전적 도구의 휴머니즘을 실험하지

 도구의 신성함을 체득한 늑대는 제 꼬리를 잘라버리고 수수께끼를 내지 풀지 못하면 해마저 으깨 버리겠다는 으름장에 얼어붙은 아침이 누군가가 수수께끼를 풀었기에 온다는 걸 알지 다행스럽게도

 늑대가 지나간 골목은 핏자국이 생기지 나는 골목을 다 기억할 수 없어 핏자국을 여러 겹 접어 바지 주머니에 넣었지 주머니 속에서 고독한 편견을 깨고 나온 꼬리 그림자가 주머니 밖으로 삐져나올까 봐 지퍼를 채우지 지퍼 저쪽 끝에 재잘거리는 걸음이 있고 이쪽 끝에는 흐느적거리는 걸음이 있지 달을 삼킨 그림자가 있어 호루라기를 불어야 해 호루라기는 내 숨에 기생하기에 호루

라기를 불어야 하는데 내 숨은 되새김이 안 되어 부정맥으로 활딱거리는 나는 어쩜 전설이 될지 모를 아침을 기다리지 아침이 피 흘리는 해를 끌고 와 골목 끝에다 매달면

  그때야 나는 불어대지 한 호흡으로 길게, 길게 골목은 기지개를 켜고

골목 5

밤새 돌개바람이 불었다
병색이 완연하던 골목이 사라졌다

거나해지면 목청껏 뽑아 올리던 아버지가 밟고 간 골목이다
때 되면 밥 먹으라 부르던 어머니가 종종거리며 아버지 따라간 골목이다
수십 가닥의 링거를 매달고 있던 전봇대가 암매장된 골목이다
전봇대 밑에서 술래잡기하던 아이들 웃음이 무한궤도에 짓뭉개진 골목이다
널어놓은 생선에 머물던 도둑고양이 눈빛마저 붉은 구호에 함몰된 골목이다
낯선 그림자 어른거릴라치면 한 입으로 짖어대던 겁먹은 개소리마저 박제된 골목이다
저녁마다 휘어들던 두부 장수 요령 소리 지하 4층 콘크리트 더미에 매몰된 골목이다
추녀와 추녀를 이어 외계 음파를 잡아내던 거미줄이 삿짐 트럭에 실려 숲으로 떠나고 홀로 버려진 늙은 집거미 길게 줄을 늘여 그네를 타는 골목이다

얕은 울을 넘나들던 누님의 연애편지 카톡으로 빙의된 골목이다
 탈골된 연탄재 뒤집어쓰고 허허 웃던 빙판길 통째로 뜯겨나간 골목이다
 빨랫줄에 매달려 그네 타던 바람 사라지고 콘크리트 벽에 부딪혀 좌절하는 골목이다
 곳곳에 웅크리고 있던 추억은 추억일 뿐
 애틋함은 하늘 높은 줄 모르고 치솟은 콘크리트 더미 속 그리움 되어

 어둑새벽, 내가 건넨 인사는 봉함도 뜯어지지 않은 채 허공을 떠돌고 있었다

굴 껍데기

속이 매스껍고 간간이 헛구역질이 나오
그날 밤 품었던 별이 싹을 틔우는가 보오

바위보다 더 바위 같은 표정으로 물이 들면 하늘을 우러렀고, 물이 빠지면 차마 쳐다볼 수 없어 눈을 감았소
별은 자랐고
그 말랑하고 연약한, 별을 홀렸다는 불미스러운 의혹이 끼어들까 봐
아득한 옛날부터 대물림된 갑옷으로 겹겹이 둘렀소

물이 빠질 때가 좋으냐?
물이 들 때가 좋으냐? 참 식상하오
눈에 콩깍지가 끼면
하루 두 번씩 겪는, 늘 되풀이되는 일상이라 해도
들고 남의 간격을 재촉하는 시곗바늘 소리는 섬 집 아기가 듣는 자장가일 뿐

썰물 때 삼킨 햇볕과 바람으로 연명하오
소화되지 않은 바람의 뼈가 날카로워져 들고 나는 바닷물을 긁어대오

긁힌 상처에 소금 뿌린 듯 바다는 물결을 일으켜
겉껍질에 돌기로 양각되었소
손발이 시려 오오
수난의 계절, 표정 없는 조새*의 부리가 무섭소
새끼가 유약할수록 어미의 마음은 핏빛이라
내 어미가 그랬던 것처럼 각을 세울 수밖에 없소
틈을 노리던 조새의 부리
느닷없이 한 자락 뽑아 올리오
늘 듣던 가락이라 새삼스러울 것도 없소만
바다가 먼저였던 지아비와 아들, 놓아 보내던
그때 그 만가挽歌보다도 더 절절하오

하늘이 닫히고 애 끓이던 곡비의 울음이
물컹하게 씹히는,

한 입인 시즙屍汁은 이따금 곁눈질했던, 엉거주춤 갯바위에 걸터앉아 있던 샛노란 달의 맛인지 품었던 별의 맛인지 가늠할 수 없소

눈꺼풀이 한 짐이오

〈
다 빼 주고 빈 껍질로 남는다는 거,
다 그런 거 아닌가요?
세상 어미란 어미는 누구나 다

* 굴을 따고 깔 때 사용하는 갈고리 모양의 연장.

소금 창고에 스민 달빛이 싱겁다

문은 오늘도 열려 있었다

그 옛날, 사흘돌이로 꽃을 피워대던 꽃밭이 헛소문에 지쳐 몇 년째 널브러졌다

야속하다 가슴 친들
그 속내 어찌 알랴?
꽁한 마음으로 넋두리 늘어놓아도
하늘은 하루도 빠짐없이 젖어있었고
늘 불어대던 바람마저 매수되었는지 모르는 일이라 도리질한다

이미 피웠던 꽃조차 각을 잃었으니
거짓말처럼 짠맛이던 달빛이 싱거워졌다
엊그제 꾸었던 꿈은 어디로 가고
이따금 적요를 깨트리는 문소리가 성대결절 같은 불협화음으로 목덜미를 움켜쥔다

관심에서 벗어난,
한때 꽃을 싣고 달리던 수레는 한쪽 바퀴 빠져 덜컹

거리고
　반듯하던 삽은 각을 잃고 뒤뚱거린다
　판자벽 붉어진 못에 걸린 낯익은 쟁기들
　저승꽃 핀 손으로 뜯겨나간 나무판 새로 기어든 달빛을 보듬는다
　만월이긴 하나 을씨년스러워
　낮에 어두어 둔 온기를 한 줌씩 덜어내 몸을 덥힌다

　흐르는 세월과 비바람 속에서도 희미하게 윤곽을 지켜온 '천연 소금' 넉 자
　'천년 소금'이라 읽히며 백 년이라도 이어지길 바랐을 염부鹽夫의 마음으로

　지그시 눈 감고 희뿌예지는 소금밭 너머 바다를 바란다
　깨진 창문 너머에 어슬렁거리던 소금간 된
　하얀 동화가 또랑또랑한 눈망울로
　'내일은 꽃이 필 거야', '내일은 꽃이 필 거야' 주문을 왼다
　〈

만삭인 달의 뒷면으로 물이 든다

오래 잊고 지낸 피붙이를 만난 듯
눈시울이 붉어져 한 점 베어 문 달을 삼킬 수 없다

손톱이 없는 계절

 동백이 필 철이다. 종일 머뭇거리던 꽃은 아차 하는 찰나에 꽃망울 터트린다. 울렁증 앓는 날씨는 기사의 제목이 되지 못한다. 정오를 넘어 다섯 시로 가는 땀은 더는 노동이 아니다. 손에 불꽃이 인다. 감전된 오른손 네 번째 손가락이 외마디 비명을 토한다. 손가락 끝에서 울컥! 울컥! 동백이 핀다. 뚝 뚝 피자마자 지는 꽃, 안도의 숨 삼키는 네 개의 손가락. 핏빛인 장갑은 제 탓이라고 울먹이고 노동은 설익은 하루를 거둔다. 꽃을 연출한 콩트는 짧으나 여운은 길다. 살얼음 언 보도 위 종종거리던 크리스마스 캐럴이 엎질러지는

 유리문 틈새로 새어 나오는 역한 크레솔 냄새, 호흡이 가빠진 손톱을 움켜쥐고 두려움을 앞세워 하룻치 밥을 훔치고 싶다. 부패한 피는 역한 냄새를 풍겼고 대사를 잊어버린 손은 콩트를 완성하지 못하고 머뭇거린다. 드레싱을 하고 보호대를 끼운 손가락, 성한 네 손가락마저 헛돌아도 반나절의 노동을 요구하는

 밥은 가슴이 없기에 세 개의 손가락으로 나누는 노동의 무게가 녹녹하지 않다. 뻣뻣한 네 번째 손가락은 장

갑을 벗고서야 피었다 진 동백을 기억한다. 뿌리까지 뽑힌 손톱, 어느 손가락의 입을 빌려 대사를 완성할까? 밥이 되지 못한 나날, 홑겹의 장갑 속에 얼어붙었다. 지금도 내 것 같지 않은 동백 피었던 손가락, 겹겹인 통증 뚫고 뜬 초승달은 상현으로 가는데 가난한 내 주머니는 여전히 그믐이다. 다시 밀려오는 아릿한, 아! 이토록 깜깜한 계절에도 꽃은 피누나

반음 올려 읽는 골목
- #*익선동

서풍이 골목에 살랑거려 고추잠자리 날아올랐다
무늬만 한옥마을이지
추억할 것이라고는 대문 마주한 좁은 골목과 납작 엎드린 기와지붕뿐인

멀지 않은 옛날, 곰팡내 나는 무채색의 시詩가 있었고 흑백사진이었고 감칠맛 나는 낭만이 있었다
오늘, 울긋불긋한 산문散文에다 손잡은 푸른 피가 흘러다니며 #으로 영역 표시한다 찔끔거리는 #의 냄새를 쫓아 끙끙거리는 나의 #은 반음이 아닌 한 옥타브 뛰어넘어 뜨겁다
#익선동 한옥마을, 둥실 뜬 색색의 우산을 타고 청청한 하늘이 흘러내린다 쪽빛 물에 촉촉하게 젖은
#프앙디, 줄 서서 기다리는 마카롱이 모나지 않고 둥글다 동그랗게 부풀어 오른
#동양 양과점, 터줏대감처럼 예스러우나 맛은 상큼하다 드립 한 익선 1937 한 모금이 타임머신을 탄다 1937년 종로, 신여성과 모던보이 사진을 찍으며 깔깔거려
#지오쿠치나 익선, 화덕피자와 파스타가 입에 오르내리나 나는 된장국이라 꼬르륵거리는 허기를 가라앉혀야

하는 b는 어디 있소?
    #플라워카페 핑크빛 우산 밑에서 엽서 한 장 쓴다
TO: 첫사랑 (차마 이름은 쓰지 못했다)

    #은 쉼표가 아닌데 # 붙은 곳마다 앉을 자리가 없고
있어야 할 도돌이표(D.C.)도 없다

쉼표를 찾아
골목을 빠져나오니 둥실 뜬 달이 꽉 찼다
#달을 딴다
해시태그가 난분분한 익선동의 달은 1년 내내 둥글다
    고봉으로 한 입 뜬 숟가락 위에 달을 고명으로 얹어
입에 넣어준다
    달을 씹는 임의 얼굴이 보름이다

    * 해시태그.

골목 8

어쩌다 몇 며칠 들끓던 열이 내릴라치면
하늘이 궁금했다
치켜뜬 눈에 들어온 하늘은
서걱거리는 댓잎 한 장이었다

겹겹이 드리워져
앉은뱅이꽃처럼 납작 엎드려 살았기에
한 번도 본 적 없는,
입 모아 서럽다, 서럽다 하는
그 서럽다는 노을빛을

어느 날 추녀마다 내걸린
우산 빛깔, 어찌 저리 곱냐고 했더니
매일, 매일 서럽다는
그가 말해줬다
저 빛깔이 그 노을빛이라고

아무렇지도 않은 듯
체취까지 부정하는 뻔뻔한 낯빛이 역겨워
〈

구석구석 모여 앉았던 옛날이야기 헐렁한 눈빛은 떠나고
곳곳이 재재거리고 북적거려도,
새 옷에 분단장하여도
남의 옷 같아

노을빛이라는,
붉은 우산 골골에서 흘러내린다
까닭 모를 설움이

널배의 감정

남모를 흐느낌이 있다
속울음 우는

널배
훤칠하니 쭉 뻗은, 버선코처럼 들어 올린 아미, 멍한 눈 속 화석이 된 바다가 말라가고

순이 할매 꽃상여 탔을 때도 울지 않았다
허옇게 눈 뒤집은 고기 떼로 떠오를 때도 울지 않았다

삶은 늘 원하는 방향으로만 흘러가지 않아
늘 뒤처져 나오는 눈물이 있다
밀고 밀던 아라리 끊어지고

이젠 옛이야기가 된 굶주림은 산낙지 빨판보다 더 아귀 같아, 그 억척이 얼굴 한쪽 갉아 먹었으나 남은 한쪽으로 해는 어김없이 떠올랐다 쟁여진 무게가 무거울수록 웃을 수 있었던, 껴안고 지샐 그 시절의 느낌표는 마침표로 굳어졌고
 〈

사라진 것인지 사라지지 않은 것인지 모를,
변하지 않는 것이 없다지만
몸밖의 인연은 여기까지인지 어깨가 욱신거린다
설움 씻던 파도는 여직 어깨에서 밤새 철썩인다

밑이 젖어야 사는,
다시금 저 매혹적인 검은 살빛, 발 간질이는 유혹에
빠지지 않겠다는 다짐
하루에 열두 번도 더 허물었으니

다시금 물질 나가는 상상 속 밑이 촉촉해지는

손목터널증후군 2

이미 가을입니다

되돌려 보면 높다란 성 하나쯤 쌓고도 남을 시간인데도

늘 흐르는 물 같다고만 툴툴거린 철부지입니다

어찌 보면 그러하지요

스치듯 지나간, 눈 깜빡할 사이었으니까요

네가 괄호 속에 풀어놓은 말은 주관적이어서 아직 괄호 속에서 있고

늘 객관적이던 손목에는 구멍이 생겨 바람이 들락입니다

잠시 머무르다 가는 편견이 물관을 막아 좁아졌대요

잎맥이 물을 빨아올립니다

얼굴이 붉어지는 게

〈
곧 단풍 들것다*!

* 김영랑의 「오매, 단풍 들겄네」에서 일부 빌려옴.

3부

해원解冤, 미처 못다 한

카사블랑카

하얗다!

여기도 하얗고 저기도 하얗다!

온통 하얗다!

눈 감아도 하얗고
눈 떠도 하얀

천 년 전에도 하얗고
천 년 후에도 하얄

하얗고 하얘서 눈먼

귀신꽃*
– 수국

 범람한 촛불이 들을 태우던 늦은 봄날, 꽃 한 송이 또 졌습니다. 그림자 속에 숨어 없는 듯 핀 꽃. 그토록 원하던 사과 채 붉기도 전에 염치를 모르는 혀가 자라 하늘을 능멸해도 잘라버릴 칼이 없습니다. 용서를 되뇌는

 개밥바라기별이 뜨자 부석하게 부어오른 꽃들, 똥구멍 째지는 살림살이 퍼게 해주겠다는 꼬드김에 놓았던 어머니 손. 약속의 땅이라던 여기, 썩은 몸뚱어리 노리는 하이에나들 우글거리는, 초경도 하지 않은 꽃 앞에 검붉은 눈빛이 무릎을 꿇고 예를 올립니다. 다리 셋 달린 벌레가 핥고 간 꽃대를 별빛으로 씻어내는

 남십자성, 안개처럼 깔린 죽음의 냄새 눈먼 스콜이 씻기고 갑니다. 부드러운 햇살 수의를 입히고 질긴 바람으로 일곱 매듭을 지었습니다. 그때 이미 숨 끊어진

 꽃입니다. 새는 달빛은 어찌 그리 밝은지, 개밥바라기별은 왜 저리 슬픈 눈빛으로 잊어버린 이름 부르는지
 〈

손목에 긋고 그은 칼자국 지워지듯 윤곽만 남은, 배가 찢고 간 상처 아물듯 까무룩 잊고 살 수 있었으면 좋으련만, 열매를 매달지 못하는 무성화. 꽃받침을 꽃잎처럼 내세우고 숨어 산, 때론 흰색으로 때론 푸른색으로 때론 붉은색으로 얼굴 바꾸며 그렇게 살았습니다. 아픔은 멈추었으나 색은 더 짙어져 안개에 묻힌 남보라색 꽃숭어리, 하나이기도 하고 여럿이기도 한

 귀신꽃, 체온 가시지 않은 푸른 입술에 붉은 눈물로 입맞춤합니다. 고봉으로 담긴 흰 꽃숭어리 셋, 사잣밥으로 내놓습니다. 곯았던 배 채운 개밥바라기별이 부는 단소 소리, 지공을 빠져나와 발바닥부터 젖어 올라오는, 이승과 저승을 넘나드는, 이승과 저승 그 사이가 너무 넓어 새끼손톱보다 작은 꽃잎에 한 생을 기록합니다. 강을 건너던 꽃잎 아쉬운 듯 돌아봅니다. 타는 촛불 아래 비로소 검붉어진 꽃 가면을 벗고 안식에 드는

* 제주 수국을 제주도에서는 꽃 색깔이 변한다고 하여 귀신꽃이라 했다.

유월, 그 언저리

산기슭에 보리가 익는다
온새미로 진 동백의 목숨값이다
새끼 찾아 헤매는 뻐꾸기 울자
흐느적거리던 여름이 종종거리고
푸릇하던 보리가 누렇게 옷을 바꿔 입는다
무심히 누웠다 일어나는 포기, 포기가 일상을 기록한 행간이다
바람은 마르지 않은 눈물 찍어 흘림체로 쓴다
어둠 더듬어 산에 든 손, 마냥 기다릴 수 없어
채근하는 시모의 목소리에 가시가 돋쳤다
손 하나 귀한 철이라
밭담 엇갈린 틈새로 들락거리는 바람이
그늘 자락에 눕혀놓은 아이를 재운다
옹알이하는 눈망울은 아침볕 받은 용눈이 오름처럼 깊다
젖몸살 앓는 어미의 귀는 아이 울음을 쫓고,
서투른 낫질에 보리 까시래기 얇은 갈옷 저고리를 파고든다
예제서 울어대는 뻐꾸기 소리,
산으로 간 이녁이 부르는 소리 같아

해진 옷소매 들어 흐르는 땀 훔치며 허리 펴 큰 산을 바란다
하루라도 살고파 산 날이 있던가?
순간, 깜깜해도 그냥 살다 보니 살아진 거다
그 모진 보릿고개보다 더 혹독한 세월
잇몸으로 살아 낸 아낙들이
주문처럼 흥얼거리는 그 질긴 노랫가락에
누런 보리 이삭 간결한 예서체로 봄날을 기록하고,
두둑 속 지슬 질박한 궁체로 유월의 서사를 한 자, 한 자 적는다
다시금 뻐꾸기 울자
잠에서 깬 아이가 운다
그 어떤 서사보다 절절하다

가시와 나비

길을 가다 맞닥뜨린 월령리
떠돌다 굳어진,
불거진 붉은 열매 따려다 손가락 끝에 가시가 박혔다

가시를 뽑으니 봉긋 핏방울이 솟는다
사월이다

이때만 되면 붉은 열매 아니라도 서러운 섬, 손가락을 빤다. 피 묻은 입술에서 부화한 나비가 날아올랐다.

마실 나오신 무명천 할머니인가!
나비 따라 화전놀이 온 곤을동 삼촌들인가!
너분숭이에서 소풍 온 아기 천사들인가! 팔랑팔랑

손가락이 따끔거려 들여다보니 잡히지 않는 잔가시가 촘촘하다
불현듯 앞서간 사람들이 생각난다

저만치 날던 나비 한 마리, 가시 끝에 내려앉아 날개를 접는다

〈
끝끝내 입에 올리기 싫었던,
큰 가시에 찔린 기억 누이의 초경처럼 붉었고 튼살 같이 지워지지 않았다
꾹꾹 눌러 참았던 숨 토하자
섬은 울렁거리다 잦아들고,
나비는 나비로 날고
가시는 가시로 남아
씻고 혀로 핥아내도 까슬거려

가시가 제 가슴에 혹을 키우는 동안 섬은 쉬쉬했다
맺힌 응어리는 감출수록 붉어졌고

피 묻은 입술의 내력을 아는 나비는 섬 어디에나 없는 듯 있는

칼의 감정

내게 물었지
피 묻은 칼은 어떻게 안식에 드는가 하고

내게는 그런 걸 묻지 않는 게 좋아
나는 신실한 침묵이며 타협된 의식을 깨우는 외침이라

내 몸에는 숨지고도 떠나지 못하는 눈알들이 총총하고 여직 끊어지지 않은 숨이 눌어붙어 있어 쉬!

저 눈알들이 눈을 뜨면 피를 부를 거야 나는 이어가는 역사고 새 세상을 여는 힘이야 지금껏 기록되지 않았거나 기록된, 무너지거나 무너지지 않은 역사가 있다면 그건 온전히 끊어지지 않는 저 숨 때문이야

수백 번의 담금질을 당하면서 자연스레 하데스의 저주를 가슴에 품었지 저주는 훗날 피 맛을 보고 풀렸으니 비로소 칼이 된 거지 불의 춤을 익히고 물의 음률마저 품었지 달궈진 몸이 식어 가는 동안 나는 수백 번 마음을 고쳐먹었지
〈

날 선 칼날은 끝없는 성찰이야 매일 갈고 닦지 않으면 무디어지고 녹이 슬지 녹슨 칼, 베고 자르고 싶은 욕망이 없는 칼은 칼이 아니야 무릇 칼은 물을 자르고 허공을 베어야 하는데 사람을 베고서도 오늘에 이른 것은 둥그러지려는 사람의 마음을 자르고 베어 모나게 만들 수 있었기 때문이야

  차면 기우는 달처럼,
  피면 지는 꽃처럼 나는 옳고 그름의 감정에 충실하므로
  녹슨 내가 마음을 다잡으면 오늘은 어제가 되고 내일은 오늘이 될 게 분명해

  칼인 나의 심성, 쇠는 흙이라 나는 선하고 정직하지다만
  나는 충직하므로 나를 잡은 손 그 손이 선하면 선하고 악하면 악해질 수밖에 없는

  나는 필요악이야
  스스로 안식에 들 수 없기에

꿈마다 들끓는 원망의 곡(哭) 씻기고 닦아도 발갛게 묻어나는

푸른 입술 굳게 다문
칼이 곧 정의라는 반사회적 통념이 깨어져 버린
작금엔 시퍼렇게 날이 서야 좋을 때다

터진목

 그날 목놓아 울었다. 수백 년 울어야 할 울음을 한꺼번에 다 쏟아냈다. 어미 놓지 않겠다는 듯이 아이를 감싸 안고 꼬꾸라졌다. 핏빛 아래 죽을힘으로 울던 아이. 하늘도 어찌하지 못한, 숨진 어미가 지켜낸 생명이었다.

 외면하는 눈빛이 있었다. 그날의 비겁이 부끄러워 일출봉은 움푹 파인 가슴우리에 얼굴을 숨겼다. 서둘러 흔적을 지운 바다는 지금도 우렁우렁 거짓 울음 뱉어내고 낯빛이 하얗다 못해 검푸르다.

 처음부터 어쩌나, 어쩌나 가슴 졸인 눈이 있었다. 일출봉도, 바다도, 귀 막은 아이 울음 종달리에서 날아오른 종달새가 퍼 날랐다. 그 울음에 놀라 보리는 피었고 까끄라기는 쉬쉬하며 길이를 늘였다.

 언제 그런 일 있었냐는 듯 죽지 못해 산 봄은 갔고

 광치기 해변 너른 바위 숨구멍 속으로 스민 울음이 파랗게 질렸다. 터진목이라 해도 드러내놓고 목청껏 울 수 없었기에

끝나지 않은 외출

문종이 붉어져도 문고리는 달그락거리지 않았다

동트기 전에 돌아올 거니
문 걸고 자라던 흰소리 못 미더워 앉았다 섰다 안절부절에 뜬눈으로 새운 밤이 만 겁이다

배알로, 배알로˚ 헛바늘이 돋고 입술이 부르터도 비켜가지 못한

뒷개 좀녀 삼촌네도
웃뜨리 오르방네도
안곤을 조케네도 걸쳐진 정낭 하나 내려지지 않았다

속조차 빨갛다는 산사람도
'성님' '아시' 하던 사이고
뭍에서 온 토벌대도 도깨비 아닌 사람일진대
무지렁이 설마, 죽이기야 하겠는가 하는

순박한 믿음 오뉴월 폭풍우에 휩쓸려 깊은 바닷물 속 전설이 되니

〈
종다리 울고,
안드렁물 쉼 없이 솟으며
곶자왈 동백 피었으나

문 걸고 자란 소리, 돌아오지 못할 거라는 암시였음을 난 모르네

마음에서 지우는 일이라
차마 놓을 수 없었던 이녁의 문고리 이내 달그락거릴 것 같아
아랫목에 묻어놓은 곤밥 한 그릇 맨도롱하고

나, 가기 전에는
해지고 별이 총총하다 해도 별 또한 오늘이기에

걸쳐진 정낭 하나 오롯이 기다리는

* 돌고래가 나타나면 제주 해녀들이 외치던 소리. 돌고래가 듣고 비켜 가거나 물밑으로 지나간다고 함. 돌고래를 가리키기도 함.

매듭

네가 묶으면 내가 풀고
내가 묶으면 네가 풀고

심중에 맺힌 매듭은 어찌할까? 도려내지도 그냥 두지도 못할

매듭은 풀어야 할 오해이며 아낌없이 주는 사랑이야 묶는 방법은 수십, 수백이지만 결국은 풀리지 오해도 마찬가지 마음을 다하면 꽃으로 피고 나비처럼 자유로워지지 때론 올가미도 되지만 그건 몇몇 사악한 것들의 심성일 뿐 매듭의 마음은 아니야

매듭을 짓는 실, 올올이 물들이고 여럿을 꼬아 한 인연 안에 든, 색색인 저 고운 천연의 빛깔 거기엔 사계절이 녹아 있지 매듭이 되어본 꽃과 나비는 알아 이슬 머금은 바람과 햇살에 꽃이 피고 눈물과 땀이 밴 달빛에 죽은 나비가 춤을 춘다는 것을

조급해하지 마! 애써도 풀리지 않는 오해가 있다면 그건 너무 단단히 묶은, 꼬인 다른 한쪽의 감정 때문이야

미쁜 눈으로 찬찬히 들여다보면 실마리가 보일 거야 빛이 들어오는 작은 틈, 거기를 살살 간질여 봐 하늘이 보이지 본래 오해는 일란성이야 얽히고설키는 것을 좋아하지 않아 그 고약한 기억을 이용하면 어떤 매듭도 쉽게 풀 수 있어 늘 오해의 끝을 잡은 두 줄은 서로 자기만 보려 해 스스로 빗장을 거는 거지

  외투를 벗기는 것이 부드러운 봄볕이듯 매듭을 짓고 푸는 전제는 사랑이야 그냥 사랑해, 해원은 더 아픈 삶의 몫이니까

  풀려 하지 않는 것은 외로워서 그래
  외로워서 더 옭아매는 거야 그러니
  하소연 아니 말하면 그냥 귀 기울여 줘 그거면 돼 그런데 우리는 너무 바빠

  맺히기 전에 곁으로 가야 하는데 풀고 갈 매듭은 너무 많고
  해가 너무 짧아
  나비가 되고 꽃이 되기에는

나무 벤치

미처 빠져나가지 못한 온기를 움켜쥡니다
은밀한 온기의 밀도에 따라 내 감정은 구체적이 됩니다

나무는 죽어도 나무입니다 다만 죽어서도 먹어야 하는 나이는 나무였을 때 먹는 나이처럼 모서리가 둥글어지지 않습니다

표정은 없어도 감정은 있기에 때에 따라 웃기도 하고 울기도 하며 머물다 가는 이의 감정에 쉬 동화됩니다

비워진다는 건
내게 와 하소연하던 삶이 그만큼 여유로워졌다는 게 아닐까요?

외로울 거라는 불편한 착각에 그저 웃지요 선택적이긴 하나 신앙이었던 허공이 있고, 볼 빨간 햇살, 가녀린 달빛과 별빛이 짐짓 다녀가고, 한 번도 내 편인 적 없었던 어둠마저 내 편입니다 철철이 벚꽃, 여우비, 낙엽, 눈의 요정이 찾아와 인사하기 바쁩니다 간혹 훅 치미는

날이면 옛적 나이테 속에 쟁여 놓았던 숲의 비밀 하나씩 끄집어내 곱씹는 재미도 쏠쏠합니다

  꿈인가 싶을 때도 있습니다
  말 못할 뜨거움을 목격하기도 하지요
  그럴 때는 눈을 감습니다 저 아래부터 뜨거워지는 것은 어찌해야 할지요
  애초에 선천성 난청이라 침묵은 일상이었습니다

  한자리에 오래 머문다는 건 내 몫의 지분이 생기는 일, 몫은 의무를 동반하는 거라 기다림에 익숙하고 해야 할 일을 하는 것일 뿐 이타심은 당치도 않습니다

  임계점을 지나친 온기가 손안에서 **빠**져나갑니다
  곤두박질치는 허공의 시험이 버겁습니다만 직립의 유전자는 꺾일지언정 웅크리지는 않습니다

  나무는 죽어서도 나무이기에

내 안에 서성일 인연을 보듬으며

　모아 쥔 손안에 가두었던 바람을 날려 보내는 아침 알람은 울지 않았다.

　한 번 방긋 웃어주지 않는 바람이 지겨워 되풀이되던 순례를 접고 나이는 먹어야 한다기에 기꺼이 떡국을 먹었다. 빨리 먹으면 쌓이는 나이만큼 수다가 늘까 봐 천천히 꼭꼭 씹었다. 대접이 바닥을 드러내도 수다는 입을 뗄 기미를 보이지 않아 반 그릇 더 달라 했다. 제 몫도 못 챙기면서 남에게 나눠주고 싶어 안달인 오지랖이 또 오지랖을 떤다. 막 배달되어 김이 모락모락 나는 오지랖을 오른손 엄지로 눌러 뭉개버리고 작년 같은 덕담을 나누려는 순간 눈치 없는 전화벨이 운다. 손톱 위에 내려앉았던 학 한 마리 감추었던 날개를 펼친다. 긴 울음 운, 학이 하늘을 찢는다. 깜깜해지는, 아득하기에 없는 듯 있었던 자책이 더듬어 조각난 하늘을 짜깁기한다. 어긋난 틈새로 몇 번이고 들여다봐도 그 애는 거기에 없었다. 하루를 거른 해는 내일 또다시 뜰 거고

　눈물은 작별 인사로서 더할 나위 없지만, 우리의 연은 날 선 눈물로도 끊어낼 수 없어

〈

 오늘부터 내 안에 서성일 그 애를 위해 나는 부록으로 딸려 온, 요량 없이 차고 기울 달은 들이지 않기로 했다.

하늘을 지다

짊어진 한 짐이
가늠할 수 없는 세상이다
입안이 마르고 숨이 허공을 뚫는다
허방을 짚는 다리 잠시 숨 돌리고 가자 하니
손에 잡힌 다리 아닌 다리는 끄덕이나 나머지 둘은 고개를 젓는다
쉼, 그 톡 쏘는 맛을 어찌 모르겠냐만
달콤함은 잠시 잠깐
다시 가려면 또 끓어야 일어날 수 있다
세상을 지고 간다는 건
끓을 용기가 있는 사람만 가능한 일
한세상 살면서
헤아릴 수 없을 만큼 끓었다
그때마다 참았다 토하는 숨이 하늘빛이라는 걸
끓어 본 사람만이 안다
지금도 하늘은 충분히 푸르다
내일도 청청할 거고
이젠 끓었다 일어날 숨도 바닥이다
짐 내려놓고 맑은 샘이 있는 그늘에 든다
남은 숨 곱게 접어 쟁여 놓는다

머잖아
하늘 지고 일어날 때
뱉어낼 마지막 숨이다

명자꽃

오매, 참말로 환장하것다!

그냥 있어도 까무러칠 이 봄날에

동백으로도 모자라
명자, 너마저 동백보다 더 붉은 가슴 풀어헤치고
퍼질러 앉아 헤실거리다니

물정 모르는 샛노란 이녁
눈길 주지 않는다 해도
한 마음도 모자라 다섯 다 붉다니!

저런, 저런
에라! 이 우라질, 피는 못 속인다더니
저러니 그 어미에 그 딸이라 하지

못 보겠네!
못 보겠네!

〈
저 은밀한 눈빛에 홀려 내 안의 나를 깨울까 봐

더는

4부

희망, 새로운 날에 대한

일출

업이다
태우고 태워도 또 타야 하는

때가 되었음이다
문이 열리고

머뭇거림 없이 보란 듯 당당하게
둥실 솟는

햇덩이 하나
승천이다!

수천, 수만 눈 속에 음각된
햇덩이
소망을 삼킨다
내가 탄다

타
등신불이라도 되겠다는 듯이
합장하고 앉아
나를 나답게 만드는 순간

바라보는 것조차 죄스러워 오래, 오래 바라보았다

날개, 색을 입히다

전생이 호랑나비였을 거라 했다

첫물 든 아이 툭툭 털어 펼쳐 널며
주문을 외우고
입김을 불어 넣는다

날개의 문양과 색깔은 바람과 볕의 몫, 온전히 기다림의 시간이라 했기에

간혹 퍼덕이기는 했으나 서글픈 몸부림으로 그쳤고
날개가 되지 못한 주문은 매번 절뚝거렸다

물들인다는 건 내 속의 나비를 끄집어내는 일

색색의,
솜털 보송한 눈에 들어온 어미의 날갯짓
그 황홀한 춤사위에 마음 뺏겨
날개를 그려 넣고,
주문을 외우고,
다시금 기다리기를 수천 날

닳아 뭉그러진 지문은 나비는 없다고 돌덩이 하나 얹는다

 젖 물리고 토닥여도 칭얼대는 크고 작은 아이들
 불현듯 아득해지고
 먼저 넌,
 막물 들인 아이 파닥거리는 이쪽과 저쪽이 저승과 이승인가!
 겨드랑이 간지러워 급히 바지랑대를 곧추세운다

 아슴푸레한 첫물부터 날개를 키웠을
 막 부화한 호랑나비
 처음이자 마지막 원행遠行을 떠난다
 다시 올 수 없는 그 먼 곳을 향해

 서녘 하늘, 가룽빈가 날개 펼치듯 붉어지는

민어의 바다

지난봄 혼자된 그가 서럽다기에
그 서러운 이야기 들어주려 몇몇을 불러 모았다
마음이 서러우면 입맛마저 서러운 거라
어지간해선 먹기 힘들다는
민어회와 찜을 시켜 놓고 서러움을 나눈다
못 살 듯 울고불고하던 처음보다
시간을 펴 발라 아문 듯 보이는 상처가
아무런 일도 없는 듯 웃고 떠드는 것이 오히려 더 아프다 하는
처음처럼, 잔이 돌자 이미 처음이 아닌 처음은 눈물이 된다
혼자라는 것이 원래 외롭고 인생 혼자 가는 거라고 말하지만
누구도 그 눈물을 닦아 줄 수 없었다
창밖 비처럼 질금거리는 서러운 이야기에
해안도로 가로등마저 마음 쓰이는지 젖은 불빛을 뿜어낸다
나름 서러워질 대로 서러워져
하얗게 질린 눈알을 파 씹는다
꽉 터져 번지는,

단오 무렵부터 울 만큼 운 민어의 바다는
현무암 구멍 속으로 자분거리는 서러움 욱여넣는다
갈마드는 설움 어루만질수록 쓸쓸해져
선홍빛 뱃살 남겨두고 몇 조각 부레를 씹는다
쫀득한 식감이 습성대로 나를 조종한다
나도 벌써 서러워졌다
씹고 씹어도 질긴,
한 번 엉기면 떨어질 줄 모른다는 민어 부레풀처럼
엉기고 엉겨 그렇게 새끼손가락을 걸었다
발버둥 쳤어도 엑스트라밖에 안 된 인생
얼마 남지 않은 햇덩이 맛나게 구워 먹자고
퀭한 눈구덩이 속 갓 핀 햇덩이 하나 파닥거린다

은밀한 속삭임이거나 지워지지 않는 얼룩이거나

 기운 달이 차오르기를 기다리는 달맞이꽃처럼 지금 나에겐 달뜨고 발그레해질 감정이 필요해. 69℃를 오르내리는 행위는 부산물일 뿐이야.

 그게 사랑이냐고 비아냥거려도 나는 당신을 수십, 수백 번 유린했어. 가벼운 콧바람에도 스멀거리지 않니?

 당신은 언제나 풋풋한 왕소군이었다가 농염한 양귀비였다가, 편협한 하나의 굴레 속에 당신을 가둔 적 없어. 나는 자유인. 당신은 손가락 뱅뱅 돌리든가 '저 변태' 하겠지. 괜찮아, 그게 나야. 누구도 간섭할 수 없는 나만의 감정이고 나만의 성이야.
 가능한 질문은 하지 마. 당신의 질문은 소모적이라 그냥 무시하겠어.

 은밀한 혀끝의 속삭임에 열린 입술은 순종적이었고, 이미 허물어진 혀 그 배후가 된 꽃은 옥문이 열리는 통증을 번번이 어긋났던 두 음을 하나 되게 하는 마중물로 부었으니 그 순간
 당신이 속삭인 달콤한 말은 씻고 씻어도 눈에 거슬리

는 얼룩이라 그 색깔이 짙을수록 이별의 생채기도 마른 봄 강바닥처럼 숨겼던 속내를 드러내니

  당신의 샛노란 변심은 언제부터 싹을 틔웠습니까?
  그마저 준비된 각본에 따라 부풀어진 풍선은 아니겠지요

  불현듯,
  훅 치미는 얼룩의 유통기간이 궁금해진다.

사람도 꽃처럼 돌아온다면[*]

그녀를 뵈러 가는 길이
그녀가 가야 할 길만큼 어둡고 멀다
다다른 복도에 환송객처럼 두 줄로 선,
보내는 이의 신분을 간접적으로나마 가늠해 볼 수 있는 면, 면이
흡사 찍어낸 공산품 같은
얼굴로 드러내야 할 이름 두르고 섰다

꽃도 누군가를 떠나보내려 피진 않았으리
찡그린 꽃은 꽃이 아니라며 꽃도 웃는

분향실이 출렁거린다 벚꽃 터지듯
입구부터 하얀 꽃이 벙근다
'꽃피는 좋은 날에 가시었네요' 들먹이는 인사가 봄빛이다

그녀는 어릴 적 맛본
술지게미 같은 하얀 꽃향기에 취한 건지 어린아이처럼 웃고,
향은 제 몸 태워 하늘길 연다

〈
아무렇게나 널브러져 있는 신발들
커다란 입으로 주워 먹은 문안이 배부른지
쨍한 눈으로 허공에 하품을 흩뿌린다
누구 것이라 써 붙인 이름표가 없으니
먼 길 갈 그녀, 발 편한 신발 한 켤레 있었으면 싶다

떠나는 걸음 보내기 서러워 울음으로 붙잡기라도 하련만 그저 벙글거리는

여기저기서 꽃 소식 들려오는 봄날이다
사진 속 저고리 찰랑거리는 봄빛이고
본향이 남도 땅끝 어디라 했던가?
꽃 좋다는 섬진강 변으로 3박 4일 꽃구경 가시는 건가?
그 곱다는 화엄매 가슴에 꼭꼭 눌러 담아 돌아올 때 흘리지 말고 되짚어 오소

울 어매도 꽃처럼 그렇게 돌아왔으면…

* 영화 '찬실이 복도 많지'(감독 김초희 2019)에서 일부 빌려옴.

응축된 슬픔이 달다

꽉 찬 달이다
칼을 넣자 순식간에 한 주일이 갔다
하현 지나 그믐 다시금 초승
한 달, 한 달 보내고 나니 봄이 가기도 전에 눈물이 났다
하염없이 솟는 눈물의 입자에선
사흘 밤 꼬박 새우며
한숨으로 삭힌 그리움이 물씬하다
풀고 풀어도 좀체 풀리지 않는 한숨의 방정식
그 답은 화석이 된 독백이다
그리움은 달을 삼켜 그림자를 늘였다
온전히 불어난 사랑은
그리움의 무게가 무거워
하루하루 눈물로 그리움을 졸였으니 응축된 슬픔이 달다
한바탕 울고 나면 시원해지듯
슬픔은 온전히 수용성이므로
오늘처럼 울음 없는 눈물이 쏟아지는 날엔
눈빛만으로도 까무룩 해질 수 있는,
누군가가 어깨에 내려앉은 묵은 시간을

탁탁 털어내며 현관문을 두드렸으면 좋겠다
들뜬 마음으로 찻물을 우리고
이야기 나누다 보면 '아 그랬었지!'
빛바랜 그림 하나 만지작거리며 아련해질 수 있는,
옅게 띠는 웃음보다도 눈물이 먼저인 달의 습성
눈물이 나도 오늘은 울지 말자
눈 뜨며 느끼는 아침의 감정처럼
들먹이고 싶지 않았던 속내는 정녕 눈물은 아니었으니까
 눈물은 깊어
 첫 입맞춤처럼 기억되고

이슬, 눈물이라 하나 눈물은 아니더이다

   도돌이표 없이도 거듭되는
   생, 끝이라 하나 끝이 아닌 음률을 갖지 못한 온음표
다.

   온음이 되지 못한 생은 늘 겉돌았으니

   정녕, 슬픈 거요? 눈물이라 하니 그저 웃을 뿐 헛웃음
은 아니외다

   하루살이보다 못한 제 가슴에 가시를 박아 넣었다.
   떠난 마음 붙잡지 못한 미련에 아프다는 소리조차 꺼
내지 못하고 참았다.

   맑다! 맑아도 너무 맑아 그 깊이 가늠할 수 없어 더
아픈

   그 속에 네가 있거늘,
   아파하는 내가 있거늘,
   너를 모르고 나를 모른다면서 어찌 눈물이라 하시는
지요.

〈
오고 감 그 또한 인연이라
한번 바람 됨에 길고 짧음이 무어 그리 대수겠소.

굳은살 박인 마음은 무디어지고 상처는 감출수록 둥글어져

다시금 바람 되어 문 열고 나설 때
앞서간 바람과 지고 뜬 별보다 더 많은,
구구한 이야기 퍼 담을 달항아리 하나 차오른다.

경계에 서서 어둠 속 밝음을 퍼 올리는 마중물이라 둘 아닌 하나 되는

새벽, 손안에 든
만삭인 달을 삼키고 다시 제 가슴에 가시를 찔러 넣는

향, 묽은 먹빛처럼 번지는

 비로소 한 생의 완결이다. 내내 마음 끄잡던 한순간 후회는 접어두어도 좋다는

 잠결같이 아득한 사이, 끝과 끝을 끌어다 맞대 이은 자리 꽃다지 밀어 올린 연분홍이 자지러진다.

 살아 수백 년, 죽어 수십 년 오롯이 품기만 한 허공 한 움큼, 푸르른 흙 내음 두 움큼, 뜨거운 땀 십여 방울 넣고 버무리고 바람길 열린 그늘 한 자락 빌어 마른 바람을 불러 다져 넣었다.

 연기가 혼불처럼 하늘거리며 하늘 오른다. 자욱한 숲이다. 꽃이 흐드러지고 초록이 일렁인다. 향이 번진다. 스미어 그윽한, 그윽하다는 건 마음이 둘 아닌 하나이므로

 한 생을 이울고 수줍은 미소 앞잡이로 세우고 재 넘고 내를 건너, 고샅 휘돌아 묽은 먹빛처럼 번지는, 들춰진 휘장 사이 비집고 들어온 초이레 달빛이 얄밉도록 살가워

〈

　달빛 뒤편 언뜻, 언뜻 드러내는, 평생 마음 살라 마음을 알리던 당신. 짓무른 내 눈가에 벙그는 미소로 남고 늘 아픈 손가락이었던 추녀 끝 청동 물고기 울음 울어 막혔던 바람길 여는

초혼招魂

별마저 별이 되는 외마디의 시간입니다

가슴을 찢고 나온 외마디가
닿은 하늘은 이미 하늘이 아닙니다

마지막으로 듣는,
더는 듣지 못할 이름 석 자
허공에 새기듯 세 번 거푸 부릅니다

가시다 익은 소리 들리면
첫 번째 부름에는 제 설움에 돌아보시고
두 번째 부름에는 남은 정 못 이긴 듯 돌아보시고
세 번째 부름에는 다한 인연 부질없음에 그냥 가시옵소서

더는 못 부르겠습니다

제 설움에 박힌 가시가 아파
혹여 까맣게 잊힌 내 이름, 잊힌 입에 올릴까 더는 못 부르겠습니다

〈
가시는 길 총총하여도,
걸음걸음 눈물이라도 돌아보지 말고 가소서

어쩜 가장 가벼웠을
당신의 발자국을 거두어 드리는

거짓 눈물, 그마저 말라 버릴까 두렵습니다

이방인

　참이라 해도 거짓으로 받아들이는 투명한 벽입니다. 때론 웃음 펑펑 터지는 환호일 수도 있고 때론 공포에 가까운 소름 돋는 비명이나 절규일 수도 있습니다만, 회자膾炙되지 않는 개인적 서사는 잠시 접어두세요. 꽁한 마음으로 지켜보는 눈이 많습니다. 내가 누구든, 어디에 있든 경계를 넘나드는 이방인. 오늘 마주치는 누군가도 눈빛만으로는 그 속내를 가늠할 수 없어 빨강이 되기도 하고 파랑이 되기도 합니다.

　마음을 버려 지켜낼 수 있는 꽃이 아닙니다. 다가갈수록 멀어지는 신기루입니다. 눈알 빨간 시선이 윽박지르듯 뱉어내는 말 마음에 담지 마세요. 끝이 뾰족해 마냥 찔러댈 거고 살이 끼어 베인 상처는 쉬 아물지 않을 겁니다.

　출발점과 왜 떠나왔는지는 마침표나 어디로 갈 것인지는 물음표입니다. 어떻게 살았는지, 어디를 거쳐 왔는지 묻지 마세요. 아무리 좋은 말로 포장을 해도 잊혀야 할 기억입니다.
　〈

꿈은 꾸셔도 됩니다. 그마저 못한다면 물먹은 검정처럼 우울하겠지요. 변방은 늘 중심이길 꿈꿉니다. 그게 삶의 방식이고 경계와 주심을 잇는 무지개다리지요. 하지만 가운데로 향할수록 예각이라 숨이 막힐 겁니다. 한 가지 힌트를 드릴게요. 스무고개를 생각하세요. 답은 열여덟 고개를 넘어서야만 보일 겁니다. 그전에 답을 찾았더라도 허허실실하다 트럭 방물장수의 확성기 소리가 들리면 그때 답을 말하세요. 너무 일찍 답을 찾으면 갈까마귀 떼가 달라붙을 겁니다. 어쩜 답을 말하지 않는 게 답일지도 모릅니다. 선택은 각자의 몫입니다. 다만 답을 찾았으면 바오바브나무 한 그루쯤 품은 소행성 하나 사 주머니에 넣고 다니세요. 찌푸린 날 언제든 꺼내 보며 나를 지킬 수 있도록

급체하다
― 캐리백

낯빛이 하얗다 못해 푸르다
뱃멀미한 것일까
아침에 먹은 음식 탓일까
매달려 있는 이름표는 제 일이 아니란 듯 딴전이라
묻어 있는 모래 알갱이로 짐작하건대
누군가의 삶이 되었을 여정이
꽃길이 아니었음을 짐작할 수 있을 뿐 겉으로 드러나는 것은 없다
반듯이 눕히고
배를 가르니 시큼한 냄새가 한달음에 안긴다
해부하듯 내용물을 끄집어낸다
몇몇 옷가지들이 뱉어내는 갯내가 통통하게 살이 올랐다
급히 배에 올랐음을 알 수 있는
옷가지 밑에 놓여 있는 시집 두 권과 시작 노트 한 권
백석과 기형도,
시간은 달라도 나름 불꽃으로 타다 요절한
두 천재,
얼굴을 맞대고 무슨 이야기를 나누었는지
서로를 향하여 오른손 엄지를 치켜세운다

시집을 펼치니 군데군데 밑줄이 그어져 있다
시작 노트, 흠모한 두 천재의 시가 몇몇 그대로 옮겨와 있다
간간이 적은 습작은 습작일 뿐 시가 되지 못했다
남은 것을 탈탈 털어내니 자질구레한 것들로 한 움큼이다
언제 삼켰는지 모를 붉은 몽돌 몇 알 말라 빛을 잃었고
평범하지 않은,
밤하늘을 향해 쏘아 올리던 발칸의 불빛과 울음에
한껏 웅크렸던 두려움과 눈알 빨개진 불면이 길게 숨을 돌린다
언제 그랬냐는 듯 툭툭 털고 일어나
이젠 괜찮으니 갈 길 가자는 눈빛이다
스스로 걷지 못하는 생은 안다
끌면 끄는 대로 따라가야 한다는 것을
남기고 가는 발자국이 어지럽다

창 너머

칠흑 같습니다
간간이 드러나는 희끗희끗한 점은 부끄럼 없는 마음입니다

마음은 쉼 없이 나름의 풍경을 그려냅니다

점묘법으로 그리는
별꽃,
점점이 떨어져 하얗게 사위는 서사이며 흩뿌린 눈물이기도 합니다

눈을 감았다가 뜹니다
허벅지를 꼬집어봐도 역시 꿈은 아니었습니다
호호 불어 꽃을 지워 봅니다
더욱 요염해지는,
숨 끊어질 만큼 치명적입니다

이런 밤이면 하루쯤 아침이 오지 않아도 좋겠습니다

아침이라는 단어만으로도 난 이미 서글퍼졌기에

〈
꽃은 시리도록 빛나고
난 없고,
끝 뾰족한 서러움만 제 울음 키우는

5부

언젠가는

무청

죄 없는 머리
수천, 수만 개 잘리어 내걸렸다

하늘로 향한 낯짝이
하얗다!

하나같이 떳떳하므로

죽음은
의롭다 하여도 아프고 외로울 터

다행이다
혼자가 아니라서

눈맞춤

깊다! 깊어도 너무 깊어

빤히 쳐다보는 젖먹이의 눈
깊고 깊어 겉이 속 같고 속이 겉 같은,

끝은 없는 듯 있고, 있는 듯 없는 가늠할 수 없어

눈을 맞춘다
밤새 내린 눈처럼
깨끗함을 넘어 맑고, 깊고, 숭고한 저 심연
공공연한 비밀인
진실 된
숨겨진 창조주의 말씀을 훔쳐 읽다가

외면한다
빠지면
나락으로 떨어질 것 같아,
허접스러운 내 *아집편견욕심설움절망*이 아이에게 먹물처럼 번져갈까 두려워

눈을 감는다
아!
스멀거리면 감아 도는 이 아늑함은

프루크루스테스의 침대

두 개의 침대를 준비하겠습니다
어디든 누워 쉬십시오
여기까지 오신
당신, 충분한 자격이 있습니다
지나간 시간 다 잊으십시오
다가올 시간 또한 생각하지 마세요
당신에겐 지금이 있을 뿐입니다
먼 길 오시느라 수고하셨습니다
그 수고를 가늠하는 자尺는
당신의 것이 아닌 제가 가지고 있는 것으로 하겠습니다
말이 안 된다고요?
어찌합니까 그게 생生인 것을
소리 지르지 마세요
한숨도 쉬지 마세요
그런다고 벽이 무너지거나 문이 열리지 않습니다
어제까지 행복하지 않으셨나요?
수레바퀴가 맘먹은 대로 굴러가던가요
오고 감도 마찬가지,
그냥 받아들이고 푹 쉬다 가세요
쉬다가

무료하시면 벨을 누르세요
19금 영화도 있고,
방금 야생에서 돌아와 따끈따끈한 악어도 있습니다
19금은 패키지고,
악어는 선택품목이라 약간의 비용을 내셔야 합니다
현금이 원칙이나 카드도 가능합니다
내일 아침 사공에게 낼 뱃삯은
남기시는 신발 두 짝으로 대신하겠습니다
편히 주무십시오
그리고 또 오십시오

가족사진

틀 속,
사내는 도도한 강물이었고
틀 밖,
사내는 졸졸거리는 실개천이다

재잘거리며 흐르던 아이들
물살 센 강물 되어
흐르다가
또 다른 강물을 만나 저들만의 강이 되어 흐른다

그 강물 속
다시 실개천이 흐르고

사내는
어느 강에도 섞일 수 없어
이 강 저 강 기웃거리다 말라간다

군데, 군데 모래알 버석거리고 드러난 돌부리가 성글다

말라가는 사내에게 묻어 앉아

이러지도 저러지도 못하고 이때가 좋았다고 넋두리에
한숨을 보태던
　아낙, 모래밭이면 어떻고 돌서덜이면 어떠냐며
　다만 걸려 넘어지거나
　둠벙에 들어 썩지만 않으면 된다고 너스레 떨며 호기
롭게 앞서간다

　종내에는 흘러야 하므로
　절룩거리며 가는,
　새는 숨소리조차 잦아드는

상사화

새끼손가락이 짧아서 그런지
몇 번이고 걸었던 손가락은 번번이 어긋났다
꽃과 잎 사이 아득하여
손 뻗어도 닿지 않고 불러도 답 없으니
혹여, 벌 나비 혹할까 봐 체취마저 씻어 감췄다
무지개 쫓아다닌 이녁의 역마살
안개 스민 늪이었으므로 불면의 밤은 길고 깊었다
안개의 혀는 때를 어찌 그리 잘 아는지
도둑고양이 들고나면 어김없이 달꽃이 졌다
숙명처럼
달꽃 진 늪에서 간절하던 꽃다지 하나 건지지 못하였으니
그저 한숨 뱉어내듯 하루하루를 지웠다
웬수니 화상이니 꼬리 잘린 말로 속내 감추었지만
아니라 해도
행여나 하는 부질없는 마음에 불 밝히지 않은 날 있었던가!
혼자라서 좋겠다느니
남의 말 하기 좋아하는 입들이 뱉어내는 입에 발린 말들
농지거리 아닌 진심으로 들린 날이 있었던가!

어찌 외롭지 않았으리
허전함이 먹물처럼 번지는 밤
밤참 나눠 먹듯
밤새 이야기 듣고 들어줄 동무
하나, 둘 불러 모아 밤을 지새우다가
새벽녘, 나 떠나고 나면 돌아올 이녁
그 또한 외롭고 쓸쓸한 불면의 강에서 허우적거리겠지
이녁 또한 내가 그리울까?
빈 꽃대 바람에 휘청거린다
비릿한 눈빛과 삶의 무게에 짓눌려 불러보지 못하고
한 뼘 앙가슴에 묻어두었던 사랑가 한 토막
이어지다 끊어지고 다시 이어지듯
그렇게 젖다 흐르고

사위어 가는 풍경, 그 소리

 흰 옥양목 널어놓은 듯한 남해 금산
 아카시아꽃 향기 앞바다에 풀리면 향 쫓아 멸치 떼 든다
 관음의 말씀 울음으로 전하던 갈매기
 허기를 느낄 때
 어둠을 떨치고 나갔던 배가 해를 끌고 항으로 든다
 이미 이른 걸음으로 왁자지껄한 포구를 향해
 아재는 끌고 온 해 마스트에 꽂아 만선을 알린다
 장정 예닐곱 그물을 턴다 귀에 익은
 "에에나 차이나" 부초처럼 떠돌던 엇나간 생
 발목 잡아 주저앉혔던 초성이 튀자
 에! 에! 에!로 받아치는 비린내 나는 흥타령이 출렁거린다
 예제서 쏟아내는 소리의 합은
 여럿인 듯 하나로 바꾸어 잡는 팔짓에 올라 리듬이 된다
 이미 적멸에 든 은멸치 장단에 맞춰 튀어 오른다
 물에 비친 제 모습에 놀란 갈매기 울음처럼 흘려듣고 지나친,
 달각거리는 숨 참으며 죽을힘으로

그 옛날 길이라 일러주시고 홀연히 앞서가셨던
아버지, 죽어서라도 따라가 보고 싶었던
그 길 끝, 거기가 손 내밀면 닿을 듯한데
돌연 구름 사이 뚫고 쏟아지는 볕의 부심에 눈을 감았다
아득한 추락이다 꽃잎으로 지니
물 한 그릇 떠 놓고 새벽마다 빌던,
끼니때마다 고봉밥 아랫목에 묻어놓고 기다리던
늙은 어미 닮아 보이지 않는 손금에서
허구한 날 토씨 하나 틀리지 않았던 당신의 기도를 읽는다
감았던 눈 뜨자마자 밀물처럼 빠져나가는
밀려, 밀려 훗날 문화유산으로나마 재현될 저 풍경과 소리
사위지 않는 내 뒤꼍에서 불쏘시개 될
찰진 노랫가락 너머
아버지는 바다에 물비늘로 누워 반짝이는 풍경이 되고
고봉밥 끌어안고 금산 기슭에 든 어미
에!에!에!로 되받는

아라홍연 紅蓮*

비록 흔들릴지라도 꺾이지 않겠다는,

하늘을 떠받친 외다리 저려 온다

밤새 허물 벗고 달 품은 연분홍 꽃봉오리

기다린 칠백여 년, 하루 같음인가?
꾹꾹 눌러 참고 참았던
그리움, 쌓이고 쌓여 저리 붉은가!

꽃이기 전에 항아姮娥였음인가
아! 곱다! 라는 감탄사 외에 다른 은유는 내게 없어

몇 며칠 마음 끄잡을
저 꽃 빛에 눈멀어 혹여, 꿈속이 아닌가 싶은

저 꽃, 보고 싶어
밤새 바람은 파문을 날랐고 달빛이 뒤척였나 보다

아니라 해도 많이 아팠던 갑다

꽃 빛이 치명적인 걸 보니

나도 아픈가 보다
꽃에서 눈을 떼지 못하는 걸 보니

아픔이 아픔을 보듬어서 하나 되는

* 경남 함안 성산산성에서 발굴된 700여 년 된 연꽃 씨앗에서 발아한 연꽃으로 함안이 옛 아라가야가 있었던 곳이라 '아라홍연'이라 이름 붙임.

동강 할미꽃

기우고 기운 무명 치마저고리 너무 아파
눈물로 입혀 보낸 삼베 치마저고리 싫었던 갑소
걸치신 옷 빛깔 눈부시게 곱네

그러고 보니 까맣게 잊고 살았소, 할메도 여자라는 걸

할메, 할메, 울 할메!
훨훨 날아 어디든 가고 싶다더니
어찌하여 은핫물 건너지 못하고 고작 여기래
무엇이 못 미더워,
어느 새끼 눈에 밟혀?

이럴 거면 그 먼 길 가긴 뭐 하러 가셨소

다행히, 혼자가 아니라서 좋네
할베 보내신 후 밤마다 굽은 등에 눌어붙던
그 외로움 내 어찌 몰랐으리

우러러 한 점 부끄럼 없노라고
하늘 향해 당당하게 고개 쳐든,

알지요, 책으로 엮으면 몇 권은 족히 될 눈물의

서사, 그러하기에 훨훨 날아 세상 구경이나 다니지 왜
또 여기래

할메! 내 목소리 들리면
구성지게,
엊그제 내린 봄눈 말끔하게 녹도록
즐겨 부르던 '정선 아라리' 한 자락 뽑아 보소

긴 강 골짜기 가을이 깊다

어디가 하늘인지
어디가 강인지 모를

강만으로도 그림인데
눈 속에 든 곳곳이 숨넘어가는 계절이다

석벽엔 가을이 깊어
강과 하늘마저 붉으니

한 떼의 기러기
눈 내리는 낙안*의 비파소리 물고 남으로 오는데
시리도록 맑은 강물 속 침어**는 어디 있는가?

천상의 빛 시샘하는 안개
고향 그리는 낙안의 눈물처럼 앞을 가리누나

어젯밤 마신 백주 탓인가!
취한 듯 어지럽고 몽롱하니

안개에,

산수에,
비파소리에 젖고 젖어 젖는 이 꿈 언제쯤 깰거나

* 왕소군.
** 서시.

우린 꽃에 대해서 말하지 않았다
- 납골당

섬이다

가슴 없는 돌멩이와 지지 않는 꽃뿐이다

거기에 네가 있다

너무 아파
그 섬에 가지 않으려,
가려고
홋줄을 풀고 다리를 끊었다

네가 안쓰러워
나무 한 그루, 향기 좋은 꽃 몇 포기 심었다

숲이 되고 꽃이 무리 지어 피었다

우린
숲에 대해서,
꽃에 대해서 말하지 않았다
〈

난 너에게 갔다
가지 않았다

오늘, 네가 본 것은 성대를 잃은 새 한 마리였으니

종묘 2

제가 보입니까?
숨은그림찾기입니다.
나는 당신들이 보이지 않습니다.
여기에 있으면 손들어 보세요?
정답이 필요해요. 정답이 너무 많아 당신이 너무 많아 도무지 갈피를 잡을 수 없어

왕입니까?
태정태세문단세예성연중인명선 이쯤에서 있습니까? 아니면 더 뒤로 가야 하나요? 너무 멀리 가지 마세요. 숨이 차요. 이미 얼굴이 익은 어제 찾은 지폐의 주인은 아닐 거고 그림자가 짧으니 스무고개는 내지 마세요. 다음이 *광인효현숙*, 나의 아둔함은 늘 여기까지입니다. 그 뒤는 나에게는 왕이 아닌가 봅니다. 한번 외워보세요. 사서삼경도 줄줄 외우던 당신, 느끼고 깨우치기보다는 외우기를 강요하셨던 몇 대세요? 오백 년 눈 깜빡할 사이지요. 한강은 변함없이 흐르고 근정전은 그 자리에 그대로입니다. 외우기 힘들면 커닝 페이퍼라도 만드세요. 왕이라고요? 참 어처구니없네요. 여기 왕 아닌 왕이 어디 있습니까? 무조건 외우세요. 시험에 자주 나옵니다. 주

관식이라 첫 물음은 언제나 그랬듯이 화려하니

　왕비십니까?
　잠깐, 누구의 어미이고 지어미인가는 말하지 않으셔도 됩니다. 뉘 집 딸이신지요? 예나 지금이나 그것이 가장 중요합니다. 쉿! 만백성의 어머니라는 쿰쿰한 고릿적 이야기는 하지 마세요. 손가락 하나로 마녀사냥 하는 세상입니다. 설마 TV 연속극에 단골로 나오는 장 여사님은 너무 식상하고, 요즘 들먹이는 김 여사님의 할머니의 할머니, 그 할머니의 할머니쯤 되시려나, 아니면 혹여 일곱 날 아니 오백 년이 지난 치마바위는 여직 붉은색입니까 슬퍼서 살아야 한다는 청승은 소리꾼에게 주고 근엄한 초상 뒤에 감춰둔 손톱을 드러내세요. 그 슬픔까지 사랑할 수 없는 여자잖아요. 아주 독한 혀를 가지신

　거기 따로 걷는 두 분, 왕입니까?
　고개 들고 어깨를 펴시고 왕의 길을 걸어도 됩니다. 노란 줄이 처진 것도 아닌데 소심하시긴요. 두 분 아니었으면 오백 년 얼마나 밍밍했을까요? 상상도 하지 못하였을 천만의 남자! 그건 입 모아 부른 두 분의 굴곡진

삶의 노래입니다. 이제는 하늘이 깨지도록 웃어도 좋고 땅이 꺼지라 울어도 좋습니다. 품었던 한恨 훨훨 날려 보내세요. 두고, 두고 입에 오르내리더라도 촛불은 메뉴에 올리지 마세요. 한쪽으로 치우쳐 흐르는 눈물이 불편하시면 말씀하세요. 모자이크 처리하도록 하겠습니다. 이제야 전생에 품었던 역심이 동조자를 만난 두 번째 손가락 끝이 아닙니다. 피로 쓴 이름 밑에 찍은 붉은 지문이 양귀비 꽃잎처럼 하늘거릴 때 불면의 밤은 세 번째 반정을 밀고하였습니다. 역성혁명을 이루지 못한 어리석은 백성은

차마 눈을 뗄 수 없습니다.
너무 많은, 마주치면 바라볼 수 있는 눈이 없어 내가 왕의 길을 걸어도 나는 왕이 아닙니다. 내가 연필로 동그라미를 치는데 당신은 왜 당신을 모르십니까 구차하게 숨으려 하지 마시고 얼굴을 드러내세요. 비록 그림자를 잃어버린 왕조라 하더라도 왕은 왕이지요. 당신들은 일 년에 두세 번 얼굴 드러내면 되고 나는 기필코 찾아야 하니 오늘 밤, 마저 다 외워야겠습니다. *태정태세… 광인효현숙경영정순헌철고순*. 아! 참! 저의 무례함을 너

무 탓하지 마십시오. 일일이 알현해야 하는데 그러하지 못했습니다. 다시금 여유가 생기면 한 분, 한 분 지나온 삶을 되새김해 보겠습니다. 겹겹이 쌓인 침묵이 작은 기침 소리에 깨어집니다. 시퍼런 침묵의 눈빛에 베일까 납작 엎드린 박판의 낯빛이 하얗게 질립니다. 다행히 남의 손에 묻은 피는 놀란 척 호들갑을 떨지만 제 손에 묻은 피에 대해선 쉬쉬하므로 눈길 딴 곳에 두고 계시다가 정전의 문이 열리고 이름이 불리면 그때 모습을 드러내십시오. 의젓하게, 왕 답 게

어리석은 백성은 살아 있는 몇 왕도 받들기 벅차니까요.

진주 귀걸이 소녀[*]

늘 궁금하였다
눈에 익은 듯하나 처음이고, 처음인 듯하나 낯이 익은

저기! 내 간절함을 들은 듯 돌아보는
눈빛, 마주치는 순간 까닭 모를 서러움에 한동안 아득했다

대답하듯 살짝 벌어진 입술
말하지 않아도 하고픈 말 들리듯 하여 새어 나올 울음 내내 기다리는

순간, 되돌려져 흘러내릴 눈물은 귀에 가 맺혔구나!

부질없는 내 눈물 마르기도 전에
괜한 한마디에
홀연히, 새까만 여백이 되어 어깨 들먹일까 두려워

젖은 눈빛 뒤 눌러 감춘 어둠이 궁금하였으나
고개 치켜드는 호기심 애써 눌러 감추고 하고픈 말 참았다

〈
아니라, 아니라 도리질해도
그 눈빛 다시 그리워지는

* 요하네스 페이메이르(1632~1675) 네덜란드 화가 캔버스 유채(74.5×39).

'괜찮아'란 말의 진실

허구한 날,
외로이 시골집 지키고 계시던 어머니에게 에둘러
어디 아프지 않아요?
불편한 데 없어요? 라고 물으면
입버릇처럼 하시던
'괜찮아'라는 말 이젠 내가 한다
때 되어 제 가정 꾸려 곁을 떠난 아이들
이따금 전화하여 예전에 내가 그랬던 것처럼
별일 없지요?
괜찮으세요? 건성 묻는다
그럴 때마다
괜찮아
괜찮아! 라고 답하지만 왠지 섭섭하다
6부 능선에 올라 맞는 바람의 맛이
하루하루 새롭고 색다르다
그 바람에 섶이 죽고 나서야 안다
그 옛날 어머니가 말씀하신
괜찮아, 괜찮아는
힘들게 사는 자식을 위한 거짓부렁이었고
자기 위로이며 최면이었을 뿐이었다는 걸

청개구리에 가깝던 내가
어찌 그 말만은 곧이곧대로 들었으며
그 속내를 가늠하려 하지 않았을까?
귀는
지금보다 그때가 훨씬 더 밝았는데
섶이 죽고 나서야 섶이 보이는
가깝고도 먼 사이
내리사랑이라 하여도 못내 허허롭다

해 설

슬픈 아포리아Aporia의 풍경들

전형철(시인·연성대학교 교수)

  시인은 시간과 공간, 그리고 언어를 예민하게 감지하는 자이다. 그리고 세계의 최종 지반으로 세 키워드의 벡터에 시인은 말하는 주체로 존재론적 삶의 세계를 재구성한다. '존재 안에 머무르려는 경향(conantus essendi-레비나스)'을 타고난 시인은 끊임없이 '나의 세계'로 귀환하려는 '존재론'의 지평을 지나 나의 바깥 혹은 나와 절대적으로 다른 자에게 다가서고자 하는 사유를 보이기 마련이다. '욕구besoin'와는 다른 '욕망desir'의 형이상학에 가닿은 시인은 플라톤이 말한 '욕망할 수 있는 최고의 것으로서 존재자들 너머에 있는 최고 선의 이데아'를 초월하고자 한다. 그 과정 속에 절대적으로 다른 자, 곧 타자는 궁핍한 '얼굴', 고통받는 얼굴의 모습으로 현현epapphanie된다. 나의 세계를 위해 타자를 소유할 수밖에 없는 존재론에서 형이상학으로의 전이는 그래서 '저항'에 직면하게 되며 고통받는 얼굴의 모습으로 나타나는 절대적 타자, 규정 불능의 '저 높은 것'의 현시를 맞이한다. 이러한 '존재 자체의 궁극적인 사건' 앞에 시인은 카이로스_kairos_에 마주 선다.

　김진수 시인의 시집 『응축된 슬픔이 달다』는 우리 삶을 에워싸고 있는 현상의 이면과 존재의 얼굴을 재발견하고 독자적인 세계를 투시해 이뤄낸 미학적 건축물이라 말할 수 있다. 모든 사물과 그것들이 결고튼 사건의 특유한 결속물을 오래 지켜온 시인에게 이 카이로스는 오래 응시한 자가 직면하고 직관하게 될 가시와 비가시, 존재와 타자, 형이상학과 무한자의 끊임없는 결합과 분리의 상호적 길항의 연속이다. 그리고 만남의 축복—존재의 타자로서의 죽음—무한에로의 초월은 그 자체로 '아포리아'의 풍경들로 자리매김한다. 존재자로서의 시인과 타자로서의 세계와 삶이라는 시의 지평_地平_은 극단의 난제이며 동시에 '슬픔'의 근원이며, 다시 귀환하는 원동력이 된다.

　　피죽으로 둘러쳐진 울타리 밑
　　한식날 꺾어다 심은

　　찔레, 잎눈 몇 움텄다
　　〈

애써 살아 주어 고맙다

며칠 사이 제법 잎다워졌구나! 했더니

박새가 손을 탄다

저런!
저런!

몇 끼를 주렸는지 연신 쪼아댄다

어미의 마음이다
아낌없이 내어주는

살려고 움 틔우고
살려고 뜯어 먹는

이 또한 생이라 해도 참! 아리다
  　　　　　　　　　　 - 「창 너머 3」 전문

　　김진수 시인이 마주한 세계는 우리가 마주하지만 잃어 버리고 있는 너머의 '자연'에 실재한다. 시인은 '지금, 여기'

사라진 심연인 자연에 숨어버린 상호관계를 탐사함으로 완미한 세계에 불거진 '아포리아'를 딛고 일어서려는 개진의 가능성을 열어 놓는다. 식물의 기본적인 생식 방법인 개화와 결실이 아닌 꺾꽂이를 통해 다른 생명이자 세계를 연 "찔레"에게 시인은 "살아 주어 고맙다" 말하지만, 곧 그 세계를 무너트리려는 박새와 조우한다. 그러나 '죽고 죽임'의 존재론적 대결은 "살려고"로 표상되는 향유$_{jouissance}$라는 시인의 정동적 해석을 통해 한국에 자생하는 조류 중 가장 작은 새의 등장이 폭력이나 훼손에 머물지 않게 한다. 풍경이 비록 아리게 다가올지라도 "살려고"를 교집합으로 한, "움 틔우고", "뜯어 먹는"으로의 시적 변주는 "어머니의 마음"을 통해 심미적 차원으로 상승하고 있기 때문이다. "흐르는 것은 시간이지 마음이 아니다"(「무섬마을」)라는 처연하게 아름다운 아포리즘과 쌍을 이루는 "이 또한 생"이라는 전언은 서시$_{序詩}$를 넘어 시집 전체에 나지막이 균일하게 흐르고 있다.

숨 빠져나간 몸뚱이는 성스럽다

말끔히 씻고 분단장한 생시처럼 천연덕스럽다

각인된 7년의 어둠과

눈으로 본 14일간의 밝음이 한 생이었다는 걸 잊지 않으려는 회피할 수 없는 주검을 마주하는 붉어진 눈망울이 애틋하다

다시금 올 수 없는, 윤회를 소원하듯 가지런히 모아 접은 날개
온전히 남은, 한 생을 기록한 투명한 문양이 치명적이다

짧고 화려한 만큼 처절했던 몇 날을 놓지 않으려 배 위에 곱게 모은 다리 여섯
해탈에 든 고승처럼 흐트러짐이 없다

눌러 삭히고 삭힌 제 사랑, 받아주든 말든 맘껏, 목놓아 불렀다
그 사랑,
초록으로, 푸름으로 짙어졌으니 절망뿐인 이별이라 해도 서럽지 않겠다
볼록하니 부푼 배 살짝 누르면 우렁찬 울음 터져 나와
내가 서러울 것 같아
차마 눌러보지 못하고 눈을 돌렸다

이미 선에 들었으니 꽃상여도

그 암울했던 7년의 기억 되살릴 음택도 필요 없겠다

마지막 숨에 내게 왔으니 이 또한 연緣이라 머나먼 길 배웅하니

선 서방 불 들어가네

자지러지는,
넋을 불러세우는 호곡 속
불 지핀 목백일홍 활활 한 생을 태운다

— 「선蟬 서방 선禪에 들다」 전문

시인에게 언어는 시인 교유의 직능과 사유를 개진해 나갈 주요한 매개체이다. 시간과 공간이 교차하며 뒤틀려 하나의 매듭으로 거듭날 때의 언어는 그래서 언어 그 자체를 정지시키며 동시에 미세한 떨림으로 우리에게 미끄러져 들어온다. 언어가 도단에 이르렀을 때 생生을 어떻게 환기시키며 시가 완성되는지 이 시는 증명하고 있다. 김진수 시인은 이 언어적 교착 순간을 해학과 편$_{pun}$을 통해 소위 블랑쇼가 말한 '우정'을 갈무리해낸다. 시인이 주목한 매미는 매미 자체가 아니라 매미가 탈피하고 남은 껍데기에 불과하다. 그러나 매미의 "우렁찬 울음"보다도 나를 서럽게 하는

것은, 나를 사유하게 하는 것은 '껍데기'라는 슬픈 '얼굴'의 발견이다. 나무와 금속으로 만든 부처가 석가모니의 육신은 아니지만 그의 사상과 가르침의 현현이자 아이콘임은 부인의 여지가 없다. 오히려 그것을 아니라고 고집하는 순간 아상我相은 참나로부터 멀어져 끝없는 무간지옥無間地獄의 혼돈 속으로 빠지는 것이다. 매미가 놓고 간 그물인 껍데기는 해탈의 증거이며 "고승처럼 흐트러짐"이 없기에 선禪이라는 초월의 세계로 입경한 셈이다. 매미 선禪에서 선禪으로 전입은 그 자체로 기품 있는 시적 언어의 말놀이를 구성하며 동시에 또 하나의 연을 이으며 "목백일홍"으로 지핀 다비의 풍경 속에 '무명無名한 한 생'을 기록한다.

    골목을 간다
    잊고 산 사연들이 얽히고설킨,
    닳을 대로 닳아 얄밉다가도
    다시금 눈 감았다가 뜨면 있는 그대로 드러내는 민낯이 반가워
    낯가림 심하던 옛사랑을 불러내 휘파람을 분다
                                   - 「골목 1」 부분

골목을 간다 골목을 걷어찬다 차인 골목이 굴러가다 골목이 되어 돌아온다 어제도 골목이고 오늘도 골목인 골목

이 내일도 그 자리에 서 있을지 모를 전봇대 중간에 매달려 골목인 체하는

  골목의 처음과 끝은 끝말잇기처럼 어디서 시작해 어디서 끝날지 알 수 없는 시작이 끝이요 끝이 시작인 그 의문은 발아래서 자박거리지만 나는 한 번도 뜸을 들이거나 씹어 본 적 없다 지금도 골목의 이름을 몇 번 불러보았지만, 메아리조차 없어도 그 이름에 대해 의심해 본 적 없다 뻐꾸기 우는데 아카시아는 피지 않아 계절을 잃은

··· 중략 ···

  어제도 골목이었고 오늘도 골목인 골목은 내일을 알 수 없기에 내일의 모습을 그려보고 있다

                              – 「골목 2」 부분

  시인과 타자의 무한에 가까운 교유와 교차는 시집에서 유독 '골목'이라는 공간으로 수렴된다. 김진수 시인에게 '골목'은 "잊고 산 사연들이 얽히고설킨" 과거의 장이자 "있는 그대로 드러내는 민낯"의 '가고 있는' 진행이며 '굴러가다 되돌아올' 미래이다. 골목은 "어디서 끝날지 알 수 없는 시작이 끝이요 끝이 시작인" "끝말잇기" 같은 우로보

로스Ouroboros 그 자체이다. 그렇게 시인은 "어제도 골목이었고 오늘도 골목인 골목은 내일을 알 수 없기에 내일의 모습을 그려보고 있다".

그리고 '골목'을 통해 시인의 시는 다시 시간적, 공간적 사유의 두 갈래길로 나아간다. 그의 이 같은 섬세한 구분과 배열은 '지금, 여기' 동시대의 고통과 슬픔, 시대가 거부하거나 잃어버린 존재들을 환기한다.

범람한 촛불이 들을 태우던 늦은 봄날, 꽃 한 송이 또 졌습니다. 그림자 속에 숨어 없는 듯 핀 꽃. 그토록 원하던 사과 채 붉기도 전에 염치를 모르는 혀가 자라 하늘을 능멸해도 잘라버릴 칼이 없습니다. 용서를 되뇌는

개밥바라기별이 뜨자 부석하게 부어오른 꽃들, 똥구멍 째지는 살림살이 펴게 해주겠다는 꼬드김에 놓았던 어머니 손. 약속의 땅이라던 여기, 썩은 몸뚱어리 노리는 하이에나들 우글거리는, 초경도 하지 않은 꽃 앞에 검붉은 눈빛이 무릎을 꿇고 예를 올립니다. 다리 셋 달린 벌레가 핥고 간 꽃대를 별빛으로 씻어내는

남십자성, 안개처럼 깔린 죽음의 냄새 눈먼 스콜이 씻기고 갑니다. 부드러운 햇살 수의를 입히고 질긴 바람으로

일곱 매듭을 지었습니다. 그때 이미 숨 끊어진

— 「귀신꽃 —수국」 부분

그날 목놓아 울었다. 수백 년 울어야 할 울음을 한꺼번에 다 쏟아냈다. 어미 놓지 않겠다는 듯이 아이를 감싸 안고 꼬꾸라졌다. 핏빛 아래 죽을힘으로 울던 아이. 하늘도 어쩌지 못한, 숨진 어미가 지켜낸 생명이었다.

외면하는 눈빛이 있었다. 그날의 비겁이 부끄러워 일출봉은 움푹 파인 가슴우리에 얼굴을 숨겼다. 서둘러 흔적을 지운 바다는 지금도 우렁우렁 거짓 울음 뱉어내고 낯빛이 하얗다 못해 검푸르다.

처음부터 어쩌나, 어쩌나 가슴 졸인 눈이 있었다. 일출봉도, 바다도, 귀 막은 아이 울음 종달리에서 날아오른 종달새가 퍼 날랐다. 그 울음에 놀라 보리는 피었고 까끄라기는 쉬쉬하며 길이를 늘였다.

언제 그런 일 있었냐는 듯 죽지 못해 산 봄은 갔고

광치기 해변 너른 바위 숨구멍 속으로 스민 울음이 파랗게 질렸다. 터진목이라 해도 드러내놓고 목청껏 울 수 없

었기에

— 「터진목」 전문

두 편의 시는 공히 우리 시대에 잊히고 있으나 잊어서는 안 될 역사적 사건에 몸 데인 시이다. 시인이 3부의 소제목을 해원解冤이라 붙이고 편편마다 역사에 희생된 이들을 소환한 것은 시대정신zeitgeist을 요청하는 시인의 웅변이자 동시에 간절한 비나리이다.

「귀신꽃」은 위안부에 끌려갔던 우리 모두의 누이에 관한 시로, 처절하게 아프고, 끝간데없이 슬픈 존재의 삶을 부려놓고 있다. 어려운 살림살이에 도움이 되고자 한 소녀의 간절함은 "꼬드김"에 의해 왜곡되고 "썩은 몸뚱어리 노리는 하이에나"들에게 철저히 유린당한다. 남십자성이 보이는 먼 남쪽 섬 어딘가에서 허기진 해 질 녘의 개밥바라기별을 바라보는 무너진 순결한 꽃의 심정을, "슬픈 눈으로 잊어버린" 자신의 이름과 아마도 사랑했던 어머니와 그 누군가를 호명하는 나지막한 읊조림을 어떻게 다 그려낼 수 있을까? 그렇게 시인은 허망하게도 "그토록 원하던 사과" 없이 "이승과 저승" 그 넓은 사이를 건너는 작은 꽃잎의 한 생이 기록한 풍경을 고스란히 재현해 우리로 하여금 인간 그 자체에 대한 회의와 부끄러움에 대해 되묻고 있다.

「터진목」은 제주 4·3에 관한 시편으로, 그날로부터 끊어지지 않는, 끊어져서는 안 될 "울음"에 관해 초점을 맞춘다. 이데올로기에 의해 자행된 학살의 순간, 온몸으로 품어 "어미가 지켜낸 생명"의 울음소리는 죽음 앞에 숨죽여야 했던 제주의 제존재에 '스며' 증거로 남았다. "이어가는 역사고 새 세상을 여는 힘"(「칼의 감정」)이 여전히 요원한 이 슬픈 시대, 그 모든 광경을 목도했던 터진목의 만상萬象들이 들은 울음소리는 "목청껏 울 수 없었"던 그날로부터 지금까지 색이 변하는 처연하게 아름다운 귀신꽃숭어리 사이로 계속되고 있다.

    그늘 넓은 나무였다.

    열넷, 초등학교 졸업 하자마자 입 하나 덜고자
    아버지 손에 이끌려 읍내 가구점에 들어 나무와 친구가
되었다.

    야무진 눈썰미와 다부진 손길은
    톱으로 썰어 장부를 만들고, 끌로 홈을 파 하나 되게
짜맞추었다.

    문갑, 삼층장, 장롱은 손쉬웠으며
    격자문, 아亞 자 문을 비롯해

그 어렵다는 꽃살도 오뉴월 꽃 피듯 꽃을 피웠다.

늘 봄날일 것 같았던 그의 삶도
물먹은 나무처럼 비틀려 어긋나는 게 있었으니,
평생 깎고 다듬은 장인匠人에게도 자식은
사랑으로 톱질하고 믿음으로 홈을 파 사포질해도 어쩔 수 없는 물 먹은 나무였다.

못 배운 한恨을 끌어와 마중물로 부은 다섯 중 둘째, 아픈 손가락이다.
아버지처럼 살지 않겠다는 억지스러운 마음은 하는 일마다 어긋났으니,

내 탓이라는 자책은 손바닥 굳은살로 그늘을 늘렸으며
쓸모없는 나무 없다는 가르침을 신앙처럼 믿었다.

나무는 가지가 잘리면 스스로 그 상처를 덮는다.

길고양이도 더듬이를 늘리는 밤
마음 밭 비운 그늘이 식구를 늘렸다.
촉을 받아들이는 홈처럼 제 발로 기어든 모난 새끼 깨우치고 녹아들기를 기다렸다.

〈
　큰 소목장이 톱질을 하고 작은 소목장이 홈을 판다.

　짜맞춘다. 빈틈없이 맞물려지는 장부맞춤이다. 비로소
하나 되는

　　　　　　　　　　　　　　－「장부맞춤」 전문

　그리고 시인은 '골목'의 어디쯤 시간의 내력, 대물림에 대해 위와 같이 심원한 한 풍경을 부려놓는다. 어려운 형편에 배움을 이을 수 없어 아버지의 손에 이끌려 나무와의 인연을 맺은 "그늘 넓은" 그는 삶에 소용돌이에 던져진 시대의 표상일 것이다. "평생 깎고 다듬은 장인"으로 질곡의 세월을 살아온 그에게 "마중물로 부은" 둘째의 순탄치 못한 삶은 어쩌면 운명의 수순처럼 "시리도록 빛나는" "끝 뾰족한 서러움"(「창 너머」)이 된다. 그러나 "쓸모없는 나무 없다는 가르침"은 "가지가 잘리면 스스로 그 상처를 덮"는 나무의 품성처럼 부자 서로를 보듬는다. "큰 소목장이 톱질을 하고 작은 소목장이 홈을 파"며 서로의 장부를 맞추는 이 아름다운 장면은 김진수 시인이 시로 쓴 화해와 위로의 장소이자 "비로소 하나 되는" "네가 묶으면 내가 풀고/내가 묶으면 네가" 푸는 일여一如한 골목의 항구한 "사랑"(「매듭」)의 완성일 것이다.

허구한 날,
외로이 시골집 지키고 계시던 어머니에게 에둘러
어디 아프지 않아요?
불편한 데 없어요? 라고 물으면
입버릇처럼 하시던
'괜찮아' 라는 말 이젠 내가 한다
때 되어 제 가정 꾸려 곁을 떠난 아이들
이따금 전화하여 예전에 내가 그랬던 것처럼
별일 없지요?
괜찮으세요? 건성 묻는다
그럴 때마다
괜찮아
괜찮아! 라고 답하지만 왠지 섭섭하다
6부 능선에 올라 맞는 바람의 맛이
하루하루 새롭고 색다르다
그 바람에 섶이 죽고 나서야 안다
그 옛날 어머니가 말씀하신
괜찮아, 괜찮아는
힘들게 사는 자식을 위한 거짓부렁이었고
자기 위로이며 최면이었을 뿐이었다는 걸

청개구리에 가깝던 내가

어찌 그 말만은 곧이곧대로 들었으며

그 속내를 가늠하려 하지 않았을까?

귀는

지금보다 그때가 훨씬 더 밝았는데

섶이 죽고 나서야 섶이 보이는

가깝고도 먼 사이

내리사랑이라 하여도 못내 허허롭다

— 「'괜찮아'란 말의 진실」 전문

  김진수 시인이 오래 길을 돌아 다다른 모뉴먼트 monument는 기실 사랑이라는 말보다 "괜찮아"라는 말이 맞춤이다. 시공간의 차원을 지나 돌올한 영성의 차원에 닿은 형이상학적 힘이자 은폐된 신神의 모습은 "어제 같아지고 싶지 않은 거지/어제, 그보다 더 나쁠 수는 없었다고 생각하면서도/오늘 또 이렇게 살아가고 있으니까"라는 가장 인간적인 존재의 필연성 위에 구축된 것이다. 가장 아름다운 말의 진실인 "괜찮지 않지만/괜찮아, 괜찮을 거야"(「괜찮아」)는 "몇 번이고 건네고 싶은 간절한 마음"의 다른 말이자 표상이며 그의 시집 전체에 앙장브망enjambement을 이루며 읽는 이로 하여금 '저 높은 것'의 현시를 잔잔하게 목도하게 한다. 승당미실升堂未室(『논어』,

「선진先進」)의 시적 해설이며 구현인 "괜찮아"가 "가깝고도 먼" 사이를 "아픔이 아픔을 보듬어서 하나 되는"(「아라홍연」) 진경을 오늘 여기서 본다.

상상인 시인선 **055**

응축된 슬픔이 달다

김진수 시집

지은이 김진수
초판인쇄 2024년 6월 17일 **초판발행** 2024년 6월 21일
펴낸곳 도서출판 상상인 **펴낸이** 진혜진
표지디자인 최혜원 **기획·마케팅** 전은빈 최유림 노혜림 정현수
책임교정 종이시계 **편집** 세종PNP
등록번호 제572-96-00959호 **등록일자** 2019년 6월 25일
주소 06621 서울시 서초구 서초대로74길 29, 904호
전화번호 02-747-1367, 010-7371-1871
팩스 02-747-1877 **전자우편** ssaangin@hanmail.net

ISBN 979-11-93093-54-2 (03810)

값 12,000원

* 이 책은 전부 또는 일부 내용을 재사용하려면 반드시 저작권자와 도서출판 상상인의 동의를 받아야 합니다.

* 이 도서의 국립중앙도서관 출판시도서목록(CIP)은 서지정보유통지원시스템 홈페이지(http://seoji.nl.go.kr)와 국가자료공동목록시스템(http://www.nl.go.kr/kolisnet)에서 이용하실 수 있습니다.